A Greve de 1917

Os trabalhadores entram em cena

 FUNDAÇÃO LAURO CAMPOS

Presidente   Juliano Medeiros
Diretor Financeiro   Lucas Van Ploeg
Diretor Técnico   Gilberto Maringoni
Produção Editorial   José Ibiapino

CONSELHO EDITORIAL ALAMEDA

Ana Paula Torres Megiani
Eunice Ostrensky
Haroldo Ceravolo Sereza
Joana Monteleone
Maria Luiza Ferreira de Oliveira
Ruy Braga

A Greve de 1917

Os trabalhadores entram em cena

José Luiz Del Roio

Copyright © 2017 José Luiz Del Roio
Grafia atualizada segundo o Acordo Ortográfico da Língua Portuguesa de 1990, que entrou em vigor no Brasil em 2009.

Edição: Haroldo Ceravolo Sereza/Joana Monteleone
Editora assistente: Danielly de Jesus Teles
Projeto gráfico, diagramação e capa: Danielly de Jesus Teles
Assistente acadêmica: Bruna Marques
Revisão: Alexandra Colontini
Imagens da capa: "A festa do trabalho - Aspecto do comício realizado em 1º de maio na esplanada da Catedral, tirado no momento em que falava uma operária." *A Cigarra*, nº 11 de maio de 1915.

CIP-BRASIL. CATALOGAÇÃO-NA-FONTE
SINDICATO NACIONAL DOS EDITORES DE LIVROS, RJ

R639g

Roio, José Luiz Del
A greve de 1917: os trabalhadores entram em cena / José Luiz del Roio. - 1. ed. - São Paulo : Alameda, 2017.

Inclui bibliografia

ISBN: 978-85-7939-477-5

1. Trabalhadores - São Paulo (Estado) - História. 2. Greves e lockouts - São Paulo (Estado) - História. I. Título.

17-42172   CDD: 331.892
                         CDU: 32(81)

ALAMEDA CASA EDITORIAL
RUA 13 DE MAIO, 353 – BELA VISTA
CEP 01327-000 – SÃO PAULO, SP
TEL. (11) 3012-2403
WWW.ALAMEDAEDITORIAL.COM.BR

Sumário

Prefácio 7

Introdução 19

Onde tudo começou 25

Eles, os trabalhadores! 37

Braços cruzados 53

Vitória suada 79

O legado da Greve 99

Bibliografia 105

A Greve de 1917 em imagens 111

PREFÁCIO

A história da história da Greve de 1917

Gilberto Maringoni[1]

Um

A GRANDE GREVE DE 1917 MARCA a entrada do povo brasileiro na cena política do país. Entra como multidão, fazendo barulho, sabendo o que quer e infundindo temor nos de cima. Paralisa um sem número de atividades fabris e de serviços e coloca a oligarquia paulista e suas instituições na defensiva.

Aconteceram outras mobilizações populares antes dessa. Há infindáveis revoltas de cativos, num país que adotou a escravidão como relação social fundamental durante quase quatro

---

[1] Historiador e professor de Relações Internacionais da Universidade Federal do ABC

séculos. Há rebeliões urbanas, como a Revolta do Vintém, verdadeiro levante popular contra a alta das tarifas de bonde em 1880, e a Revolta da Vacina, que revirou o centro do Rio, em 1904.

Existem registros de numerosos movimentos paredistas, tanto de escravos quanto de operários, no século XIX e inícios do seguinte. A primeira paralisação do trabalho assalariado que se tem notícia é a dos compositores tipográficos do Rio de Janeiro, em 1858[2], precedida por uma greve de escravos na Bahia, no ano anterior.

Há até mesmo uma greve geral anterior às mobilizações de 1917. Ela ocorreu no Rio de Janeiro, em 1903, e deteve a atividade laboral do município durante quase todo o mês de agosto. Calcula-se que 40 mil trabalhadores de várias categorias cruzaram os braços, sendo duramente reprimidos. Sem pauta unificada, o movimento foi derrotado.[3]

A partir daí, a formação da classe operária brasileira se dá sob o signo do conflito.

Dois

Qual a diferença desses eventos com a greve paulistana?

Muitas, a começar pelo período e pelo lugar. As movimentações iniciadas nas fábricas da Mooca atingem o principal centro manufatureiro do país, num momento em que a pri-

---

[2] Ver o artigo "Escravismo, proletários e a greve dos compositores tipográficos de 1858 no Rio de Janeiro", de Artur José Renda Vitorino, em Cadernos AEL, v.6, n.10/11, 1999, em http://www.ifch.unicamp.br/ojs/index.php/ael/article/viewFile/2479/1889.

[3] Para mais informações, veja-se a tese de doutorado *A greve geral de 1903 – O Rio de Janeiro das décadas de 1890 a 1910*, de Marcela Goldmacher, em http://www.historia.uff.br/stricto/td/1152.pdf.

meira fase de industrialização, iniciada nas últimas décadas do século anterior, se consolida. Elas são motivadas por uma dinâmica econômica global, sua duração é de quase dois meses, a pauta é unitária entre várias categorias e o movimento termina vitorioso. Para coroar, seus impulsos espalham-se por várias capitais e cidades médias do país, que assistem inquietações ruidosas dos de baixo.

Só isso já justificaria a importância deste livro. Há mais, contudo. José Luiz Del Roio, como todo bom historiador, traz novidades. Além de percorrer episódios conhecidos, ele segue a trilha dos mortos nos enfrentamentos de rua. E descobre indícios de várias covas, nas quais estariam sepultados mais de uma centena de corpos, levados clandestinamente pelas forças de segurança ao cemitério do Araçá, um dos mais tradicionais de São Paulo.

O país examinado por Del Roio tem pouco menos de 30 milhões de habitantes[4], é uma economia primário-exportadora e dependente do mercado externo. O centro da pauta comercial é o café. Os capitais gerados por sua comercialização irrigam toda a economia, financiam as importações e possibilitam o aumento da industrialização e a constituição de um diminuto mercado interno. Está na periferia do sistema e tem reduzida influência internacional.

Três

A deflagração da Guerra na Europa (1914-1918) inibe o mercado externo de café, trava sua exportação e encarece importações. Ao mesmo tempo, aumentam as vendas de alimen-

---

4 Houve dois censos no início do novo século, o primeiro em 1900 (17.438.434 habitantes) e o segundo em 1920 (30.635.605 habitantes).

tos, tecidos, borrachas, couros e outros produtos para os países em guerra. Isso reduz sua oferta no mercado interno, o que provoca elevação de preços. A economia mundial se retrai, após décadas de expansão. A entrada de capitais estrangeiros no Brasil sofre uma freada brusca.

Os anos de 1913 e 1914 foram de intensa agitação nos meios operários, em protestos contra o desemprego e a carestia. Apesar da leve recuperação ocorrida a partir de 1915, quando a indústria procura substituir produtos vindos de fora, há uma acentuada alta de preços, dali por diante. Nesse ano, no Rio de Janeiro, entram em greve os motoristas de veículos, funcionários de bares, cafés e hotéis e padeiros. Em 1916, os preços no atacado de diversos produtos de primeira necessidade, como feijão, farinha de mandioca e trigo sobem aceleradamente. Os calçados ficam em média 100% mais caros de um ano para outro e o preço das roupas é majorado em cerca de 150%. A situação se acentua nos primeiros meses de 1917.

A parte mais quente dessa história está nas mãos de Del Roio. Para esta apresentação, interessa outra narrativa quase tão vibrante. Trata-se de saber como os testemunhos das agitações do início do século XX chegaram até nós.

Quatro

Este e outros livros sobre o tema existem graças um pequeno grupo de protagonistas ocultos da Greve de 1917. Eles não estão na lista de lideranças arroladas nas próximas páginas, não são dirigentes anarquistas ou operários e não figuram na bancada do empresariado. A bem da verdade, nenhum deles era nascido no ano das grandes mobilizações. Sua ação acontece seis décadas após os feitos narrados páginas à frente.

Uma dessas figuras ocultas é o autor deste livro, José Luiz Del Roio, que tem uma vida tão ou mais rocambolesca que a dos ativistas do início do século passado.

Eram todos valentes militantes do então clandestino Partido Comunista Brasileiro (PCB) e colocaram o pescoço a prêmio em tempos duros. O pequeno grupo conseguiu trasladar para Milão, em 1976-77, um dos mais importantes acervos de manuscritos, imagens, panfletos, jornais e revistas do alvorecer do movimento operário brasileiro, que estava a um passo de cair nas mãos da polícia da ditadura.[5]

O acervo fora minuciosamente reunido, em décadas de tenaz trabalho militante, por Astrojildo Pereira (1890-1965), anarquista desde muito jovem e comunista a partir do final dos anos 1910. Astrojildo foi um dos mais completos intelectuais da esquerda brasileira da primeira metade do século XX. Não era professor universitário e nem fez carreira regular. Mas foi um dos primeiros a estudar e a tentar criar uma interpretação local do marxismo e a buscar articulá-lo com os estudos literários. Em seu currículo está a fundação do PCB (1922) e, anos depois, o convencimento para que um jovem capitão, de nome Luiz Carlos Prestes (1898-1990), se aproximasse das ideias comunistas.

Cinco

Astrojildo morreu em 1965, um ano após o golpe militar, quando fora mais uma vez preso. Sua formidável biblioteca estava localizada em um modesto sobrado suburbano do Rio de Janeiro. A maior parte dos livros foi vendida pela família quase

---

5 Com informações de José Luiz Del Roio e José Salles.

como papel velho pelos sebos da cidade. Os jornais e folhetos, que não alcançavam bom preço, ficaram de lado e foram recolhidos por militantes do PCB. Parte deles foi guardado pelo historiador Nelson Werneck Sodré e parte em uma casa do Méier, subúrbio da Zona Norte, em uma gráfica clandestina.

Em 1967, ao final do VI Congresso do Partido, um jovem dirigente baiano, de nome José Salles, foi designado responsável pelo acervo, em decisão do Comitê Central. Durante quase sete anos, Salles manteve o material a salvo das mãos da policia.

Um pesado cerco repressivo da ditadura ao PCB começa no final de 1973, com a perseguição e assassinato de vários dirigentes importantes, como Davi Capistrano, José Montenegro de Lima e mais dez líderes. Percebendo a maré montante do terror crescer à sua volta, a direção partidária busca retirar lideranças do país e redobrar cuidados com a clandestinidade. Nesse momento, temendo por vários danos em sua estrutura, a agremiação desativa aparelhos e gráficas e muda de lugar peças importantes de seu patrimônio, entre eles, o acervo de Astrojildo.

José Salles e a historiadora Marly Vianna, sua esposa à época, trazem todo o material para São Paulo, no primeiro semestre de 1974. Menos de um ano depois, diante da percepção de que o aparato repressivo localizara a casa no bairro do Ibirapuera onde o material estava guardado, Salles e o militante Raul Teixeira pegam uma Variant, van da Volkswagen com um razoável bagageiro, e fazem três ou quatro viagens para levar a papelada de volta ao Rio. Na capital fluminense, a dirigente Zuleide Faria de Melo, professora de Ciências Sociais da UFRJ, busca um local para abrigar aquela montanha de documentos. Ao mesmo tempo, Salles e Marly Vianna, com a polícia política nos calcanhares, têm de deixar o país.

Apesar da precariedade da situação, poucas partes do acervo sofrem danos. O novo abrigo, obtido por Zuleide, oferece melhores condições de conservação.

Seis

A epopeia dos registros do movimento operário chega aos ouvidos de Del Roio, então exilado entre Milão e Moscou. O dirigente procura Luiz Carlos Prestes, que nesse tempo vivia na cidade. O comandante máximo do PCB é convencido ali, no início de 1976, de que a retirada de todo o acervo do Brasil era tarefa vital para a história do operariado dessas terras. As opções seriam tentar levá-lo a alguma instituição de um país socialista ou à Fundação Giangiacomo Feltrinelli, em Milão. A sugestão partira do militante Mauricio Martins de Mello, que lá trabalhava. Prestes e Del Roio logo concluem ser a segunda opção mais interessante. A instituição aceitaria fazer um acordo de guarda temporária e devolvê-lo, quando a situação política nacional se desanuviasse.

Acertado o destino, outra intrincada operação teria de ser posta em prática. A criatividade de Del Roio foi colocada a trabalhar. Não era tarefa fácil trasladar clandestinamente um material empacotado em 47 pesados caixotes para o outro lado do Atlântico. Surgiu então uma oportunidade tremendamente arriscada, que não comportava alternativas.

Del Roio soube que a militante comunista Dora Henrique da Costa, residente em Paris, faria uma viagem de algumas semanas pelo Brasil.

Dora simularia uma mudança para a Itália, levando móveis, fogão e utensílios de copa e cozinha para a hipotética nova morada. Um primeiro obstáculo se colocava: aquela enrolada ação de filme de espionagem sairia cara e o caixa do Partido estava a zero. Uma coleta de caraminguás foi pacientemente realizada para concretizar o projeto. Feito isso, o passo seguinte era juntar e embalar a biblioteca em condições mínimas de viagem, sem dar na vista.

Numa febril atividade às escondidas, vários militantes retiraram espuma e enchimento de sofás, almofadas e colchões e os substituíram pelo papelório de Astrojildo. Paredes de fogão e geladeira e o interior de panelas, cuidadosamente encaixotadas, não foram poupados.

Sete

Tudo embalado em contêineres, a bagagem é embarcada em um cargueiro italiano no porto de Santos, em setembro de 1976. Dora seguiria por mais tempo no país, enquanto o destinatário na Itália, José Luiz Del Roio, se moeria de ansiedade pelos meses seguintes. A embarcação acabou fazendo várias escalas antes de Gênova, em rota pelo oceano Pacífico, aportando em Hong Kong, entre outras localidades. O período de viagem era estimado em seis meses.

Findo o prazo, nosso personagem passou a ligar seguidamente para a transportadora, em busca de informações sobre a encomenda. Em um tempo em que não havia internet para se acompanhar o trajeto, a situação virou um drama, sem notícias ou expectativas.

Dez meses depois, já dando a carga como perdida, Del Roio é surpreendido, em julho de 1977, com um aviso: retirar e providenciar transporte para uma mudança doméstica que acabara de aportar.

O acervo foi então recuperado, restaurado e classificado na Fundação Feltrinelli. Acabou-se criando a divisão Archivio Storico del Movimento Operaio Brasiliano (ASMOB). Logo, receberia também os guardados de outro histórico dirigente comunista, Roberto Morena (1902-1978), pelo menos duas vezes maior que o do fundador do PCB.

A fundação milanesa foi engordada nos anos seguintes por documentação enviada por Oscar Niemeyer, Jorge Amado e vários personagens das lutas sociais brasileiras. Em 1994 voltou ao Brasil e atualmente está aos cuidados do Centro de Documentação e Memória (CEDEM), da Universidade Estadual Paulista, na Praça da Sé, em São Paulo.[6]

Só depois dessas andanças e reviravoltas, a história dos valentes operários e operárias das primeiras décadas do século XX pode ser contada em detalhes.

Nas páginas seguintes, a narrativa daqueles meses incandescentes de 1917, tal como registrados na papelada que deu a volta ao mundo.[7]

---

6 Além dessa documentação, o acervo de Edgar Leuenroth (1881-1968), um dos principais líderes da greve, está no arquivo que leva seu nome, na Universidade Estadual de Campinas (Unicamp).

7 É importante frisar que outro acervo fundamental para o estudo dos primórdios do movimento operário brasileiro encontra-se no Arquivo Edgard Leuenroth – Centro de Pesquisa e Documentação Social (AEL), da Universidade Estadual de Campinas (Unicamp). Formado a partir dos anos 1970, o acervo conta, segundo sua página na internet, com "mais de 120 conjuntos documentais, aproximadamente 2.900 metros lineares de documentação, 13 mil títulos de periódicos, 25 mil livros, 12 mil rolos de microfilmes, 60 mil fotografias, entre outros suportes"..

INTRODUÇÃO

José Luiz Del Roio

POR QUE ESCREVER SOBRE UMA GREVE que aconteceu há um século e sobre a qual já foram escritos tantos textos? A resposta é simples. Porque muito poucos são os brasileiros que conhecem o que se passou naquelas semanas de junho e julho 1917 em São Paulo. E qual foi sua importância.

O Brasil estava passado por profundas transformações induzidas por poderosos fatores externos. A deflagração da I Guerra Mundial bloqueara boa parte das importações e aumentava os pedidos de exportação de matérias primas e de alguns produtos manufaturados. O lento processo de industrialização que vivia o país se acelerou. As fabricas deixavam de serem núcleos artesanais para tornarem-se locais com máquinas modernas e milhares de trabalhadores e trabalhadoras. Tanto a burguesia industrial como o proletariado se fortaleciam e isso gerou um agudo contraste entre as classes fundamentais.

É muito raro na história que um movimento grevista assuma caraterísticas insurrecionais. Pois foi isso que aconteceu na cidade de São Paulo, a partir de alguns de seus bairros, como a Mooca e o Brás. Não foi planejado assim, foi o fluxo dos acontecimentos que desembocou nos protestos. É isto que pretendemos contar de forma objetiva.

Sabemos que são as massas que fazem a história, e nesta greve também se confirmou esta verdade. Mas existe o papel dos indivíduos, com os seus sacrifícios, erros e acertos que condicionam o percurso. Tentei desenhar o perfil de alguns deles, de onde vinham, o que faziam e o que pensavam. Busquei essas características nos dois lados da barricada. Mas ficou uma imensa lacuna: faltam personagens femininos, mesmo sabendo que as mulheres foram decisivas na vitória da greve.

Várias fábricas, nas quais a mobilização foi mais aguerrida, contavam com uma maioria de mão de obra feminina, que suportava entre 10 e 12 horas de trabalho diário, inclusive aos sábados. A isso se somava o trabalho doméstico e familiar, de olhar os filhos, suas pobres casas e procurar alimentos no bojo de uma carestia galopante. Nas assembleias, marchas, passeatas e funerais estiveram sempre na linha de frente. E também nos choques com a violenta Força Pública[1], o que se percebe pelas fotografias da época. O patriarcalismo dominante na sociedade atingia até os mais clarividentes líderes do sindicalismo revolucionário. E são os nomes masculinos que aparecem.

---

[1] A Força Pública era o equivalente da Polícia Militar hoje.

Sindicalismo revolucionário

A Greve de 1917 representou a máxima expressão do sindicalismo revolucionário, mas também o início de sua decadência. Processo doloroso, que rompeu amizades consolidadas no ardor do combate e causou muitas tristezas. Surgia uma nova era na forja do qual iria se dar a construção de um sindicato moderno, mais compatível com o novo sistema industrial e mais preparado para o embate contra uma burguesia sempre escravocrata e antinacional. E os clarões das revoluções russas – realizadas em fevereiro e outubro daquele ano – iriam iluminar recantos obscuros e abrir novas trilhas na disputa política e social.

Karl Marx teceu criticas à Comuna de Paris em 1871, em *A Guerra Civil na França*[2], mas reconheceu o valor daqueles combates e os preciosos ensinamentos que deixaram. A Greve de 1917 foi a nossa Comuna. Várias vezes fui ao cemitério Père Lachaise, em Paris, levar cravos vermelhos ao muro que representa os combatentes mortos ou assassinados naquele levante. Não posso fazer o mesmo para os mortos do Brás, Mooca e Belenzinho porque não sabemos onde estão.

Vale uma consideração que nos ensina esta história: não existe conquista definitiva, o capital está sempre à espreita para roubar e destruir o que o proletariado conquistou com o sangue de seus filhos diletos. Eram e continuam a ser insaciáveis. Uma advertência final: coloquei o mínimo de notas de rodapé, pois os fatos são tantos que deixaria este pequeno volume muito pesado. Mas este livro contém uma bibliográfia básica para quem quiser se aprofundar no argumento.

---

2 MARX, Karl, *A Guerra Civil na França*, São Paulo: Boitempo Editorial, 2011.

1
ONDE TUDO COMEÇOU

Nos meses de inverno de 1917, na cidade de São Paulo, fazia frio e o céu noturno era totalmente límpido. Podia se ver as estrelas e acompanhar as fases da Lua. Habitualmente garoava, numa suave caída de água constante e muito fria. A luz elétrica já havia chegado. Postes distantes uns dos outros e uma frágil luminosidade amarelada tentavam romper a neblina. O grande poeta José Martins Fontes (1884-1937) em seus versos *Serenata* assim desenhava aqueles tempos:

> Tenho saudade da garoa antiga,
> Pálida amiga,
> Que me fez sonhar...
> Desse São Paulo, romanesco e belo,
> Que era um castelo
> Sob a luz lunar...
> Dona querida, de cabelos pretos,

> Quantos sonetos,
> Me inspiraste tu!
> Neles prendias, entre altos grampos,
> Os pirilampos
> Do Anhangabaú...

E, assim, descobrimos que em algum dia o Anhangabaú ainda tinha vagalumes!

Além de poeta maior, Martins Fontes havia nascido em um lar de combatentes sociais e seu pai, Silvério Fontes, realizou a primeira manifestação pública sobre o 1° de Maio no Brasil, em Santos, no ano de 1895. Mas a cidade de São Paulo estava muito além das frases românticas. Era local de trabalho duro, exploração, dores e, ao mesmo tempo, planalto de esperanças.

São Paulo nasceu pelas mãos dos jesuítas em 1554. Numa altura cercada de rios, córregos e brejos por todos os lados. Cresceu muito lentamente, trezentos anos depois, aí por 1850, mal passava dos 15 mil habitantes. Sua importância foi ter sido a base das expedições de bandeirantes, entradas e também da expansão da Companhia de Jesus, como são conhecidos os religiosos jesuítas. As poucas trocas comerciais se davam através dos rios Tietê e Tamanduateí. O oceano era distante e seu acesso dificultado por um maciço montanhoso que é a Serra do Mar. A paisagem urbana era marcada por casarões feitos de taipa, com janelas dando diretamente nas ruas enlameadas, além de pequenas moradias de barro sem alinhamento de calçadas. Sete igrejas pontilhavam o reduzido espaço aonde se realizavam as festas e os contatos sociais. Havia alguns núcleos afastados da Sé, que era o centro geográfico e social, como o Brás, a Mooca, a Penha e a Freguesia do Ó. Mesmo naquele pequeno mundo, as distâncias sociais eram enormes, e o escravismo se fazia notar. Em 1872, foi realizado o primeiro censo, que deu o número de 23.243 habitantes. Havia crescido alguma coisa, mas seria somente a partir daí que começaria a ser um polo de atração demográfica e de industrialização.

Vamos fazer um esquema simples das causas desse fenômeno. Em 1850, por pressão da Inglaterra, foi proibido o tráfico de escravos no Brasil. Este infame comércio era a linfa vital para os capitais que existiam no Brasil. Então, teriam que encontrar outra forma de serem aplicados. Os olhares gananciosos se dirigiram às plantações de café. Este vegetal que tem origem na Etiópia havia chegado ao Brasil em 1727, através da Guiana Francesa. Seu cultivo deu-se no Rio de Janeiro e foi avançando pelo Vale do Paraíba, aproximando-se de São Paulo. A Europa passava por um surto de desenvolvimento, crescimento demográfico e aumento de consumo. O interesse pelo café, estimulante capaz de manter os operários trabalhando em serões noturnos, favorecia as exportações brasileiras. Logo, era preciso de novas terras para o cultivo do grão, que requer extensões vastas. Na segunda metade do século XIX, começaram a conquistas das terras do interior da província de São Paulo, avançando pelo noroeste, em função de sua terra roxa muito fértil, e de sua topografia plana, sem montanhas, o que facilitava o transporte. Era habitada por uma rala população entre os quais se incluíam inúmeras tribos indígenas, que foram quase todas exterminadas.

Depois da Guerra do Paraguai, a partir de 1865, os recursos orçamentários até então drenados para o esforço bélico puderam ser destinados a outras atividades econômicas. Uma síntese dessas novas características é dada por Caio Prado Jr.:

> O surto de atividades observado desde 1850 ganha novo impulso e não se interrompe mais. Os

diferentes empreendimentos industriais, comerciais e, sobretudo, agrícolas continuam a se multiplicar em ritmo crescente e já se começa a observar a concentração de capitais de certo vulto. Esta acumulação capitalista provém sobretudo da agricultura, cuja prosperidade é notável e oferece larga margem de proveito. (...) Tudo isso resultará numa completa remodelação material do Brasil.[1]

Importando o trabalhador

No final do século XIX, o trabalho escravo chegava aos seus limites e tornava-se um entrave para a modernização e para a industrialização. Uma população sem renda não criava mercado interno.

Com o desenvolvimento econômico – materializado não apenas numa incipiente indústria de manufaturas, mas nos negócios ligados à exportação de café, como casas bancárias, estradas de ferro, bolsa de valores etc., a base produtiva brasileira se diversificava, fazendo com que parte da oligarquia agrária se transformasse numa florescente burguesia, estabelecendo novas relações sociais e mudando desde as características do mercado de trabalho até o funcionamento do Estado.

Para esta economia, o negro cativo era uma peça obsoleta e cara. Além de seu preço ter aumentado após o fim do tráfico, em 1850, estruturalmente ele é mais caro que o trabalho assalariado. O historiador Caio Prado Jr. (1907-1990), mais uma vez, joga luz sobre a questão:

---

1 PRADO, JR., Caio, *História econômica do Brasil*, São Paulo: Editora Brasiliense, 1965, p. 197-199.

> O escravo corresponde a um capital fixo cujo ciclo tem a duração da vida de um indivíduo; assim sendo, mesmo sem considerar o risco que representa a vida humana, forma um adiantamento a longo prazo do sobretrabalho eventual a ser produzido. O assalariado, pelo contrário, fornece este sobretrabalho sem adiantamento ou risco algum. Nestas condições, o capitalismo é incompatível com a escravidão.[2]

Em outras palavras, o escravo encarna a única modalidade de trabalho em que o pagamento é feito antes de sua realização, quando o senhor o compra. Além disso, em situações de quebra de safra ou interrupção da produção por pragas ou fenômenos naturais, o dono da fazenda tem de arcar com gastos de alimentação, vestuário e alojamento para os cativos. No trabalho assalariado, nada disso acontece. O pagamento é feito um mês depois de realizado o serviço e, diante de qualquer imprevisto, o funcionário vai para a rua.

Havia outro problema, que vamos chamar de "ideológico". Uma monstruosa teoria racista permeava as cabeças pensantes da classe dominante da época. Era de que um país não poderia ser moderno e desenvolvido se tivesse entre seus habitantes uma consistente parcela de negros. Então se impunha "branquear" o território. Como? Indo buscar trabalhadores na Europa e relegando os negros que se libertavam do escravismo à margem da sociedade.

Não bastava que os imigrantes a caminho do Brasil fossem brancos. Melhor se tivessem também outras características.

---

2 PRADO, Jr., Caio, *Op. cit.*, p. 180.

Uma delas era serem católicos, para não se chocarem com a velha cultura colonial e serem subservientes a uma Igreja à época fortemente reacionária. Era bom que não fossem oriundos de áreas onde o nível de luta de classes fosse alto e contaminado por ideias anarquistas e socialistas. E também que chegassem com núcleos familiares completos, pois isso ajudava a contenção social, a reprodução da mão de obra e criava uma dinâmica demográfica intensa, fazendo crescer a porcentagem de brancos entre os habitantes. Assim, o escravo negro não deveria ter lugar no novo mundo do trabalho.

Eis o motivo pelo qual, em sua maioria, vieram portugueses, espanhóis, alemães e italianos de zonas agrícolas e católicas da Europa. Os últimos chegavam principalmente do nordeste da Península. Esta área chamada Trivêneto era fortemente católica, conservadora. Seus habitantes somente emigravam em grupos familiares alargados. Eram diversos dos italianos do sul, de onde normalmente apenas os homens partiam, prometendo às suas mulheres um dia voltar. Era normal que fossem aos Estados Unidos, onde núcleos familiares italianos não eram bem-vindos, sendo considerados de uma escala muito baixa na pirâmide racista inventada pelo estrato branco, anglo-saxão e protestante que dominava os governos daquela nação.

No entanto, na mobilidade humana em escala planetária nada pode ser perfeitamente controlado pelas elites econômicas e políticas. Assim chegaram também judeus, fugidos de massacres existentes no Império Russo, e árabes (sírio-libaneses), vindos do Império Turco-Otomano. Os últimos viajavam com passaporte turco e assim ficaram conhecidos. A partir de 1908 chegaram os japoneses, que, involuntariamente, serviram para resolver um problema das classes dominantes. Quando a organização social possibilitou o início da rebeldia de comunidades italianas, camponeses japoneses, em geral conservadores e com um idioma muito distante do português, o que dificultava a integração com outras nacionalidades, passaram a ser buscados. Muitos se fizeram católicos. Esta mistura plurinacional formaria a base da população paulistana.

A produção e a rota

Temos as terras, os capitais e a mão de obra. O que falta? Transportes.

Ora, o café era produzido para ser consumido na Europa e, para que isso acontecesse, se impunha a construção de estradas de ferro que escoassem o produto até os portos. No caso nosso, o de Santos. As ferrovias foram realizadas com capitais e companhias inglesas, às vezes em competição entre si e com o objetivo de facilitar o transporte de produtos e não de pessoas. Em 1867, começou a funcionar a ferrovia Santos-Jundiaí, com 139 quilômetros de extensão, ligando o porto ao interior, passando por São Paulo. A proprietária era a The São Paulo Railway Company Ltd.

Os lucros afluíam copiosos nos bolsos dos cafeicultores e uma mudança cultural aconteceu em pouco tempo. Era normal que a família dos proprietários habitasse a Casa Grande dos latifúndios. Os senhores viviam de forma limitada, sem divertimentos, ao lado de seus trabalhadores. Muitos dos filhos desses fazendeiros foram estudar na Europa, ou pelo menos fazer viagens para "tomar os ares do mundo", como se dizia então. Os endinheirados do final do século XIX almejavam uma vida diversa, em cidades grandes com teatros, cafés, jardins e tudo o que pudesse copiar Paris ou Londres.

Por ser o principal fornecedor mundial de café, as demandas e as necessidades do mercado internacional irrigavam e organizavam as bases da produção interna no Brasil, especialmente após 1870. A crescente complexidade dos negócios do setor criara uma teia de vínculos entre o setor produtivo rural, os agentes de comércio, o sistema de transportes, as casas financiadoras de crédito, o processo de estocagem, a seleção de grãos, o ensacamento e o sistema portuário. As cidades maiores deixam paulatinamente de ser meras organizadoras da vida rural para tornarem-se o centro efetivo dos negócios, que necessitavam urgentemente de capitais externos para se expandir.

Com negócios diversificados, as famílias da elite rural começam a se mudar para a capital, São Paulo. Abrem-se novas avenidas, são demolidas as casas de taipa, logo substituídas pelas de tijolos e pedras, afastadas das calçadas, com jardins nas suas fachadas. Rios e brejos são encobertos ou superados com pontes. Em 1892, é inaugurado o primeiro viaduto do Chá, com estrutura metálica e madeira. Esse salto permite uma ligação fácil do centro com a Praça da República, que se arboriza e se embeleza, com o largo do Paissandu e também com o Jardim da Luz, local predileto de festas e passeios. Fora da cidade, nasceu, em 1895, outro logradouro importante para passeio: o museu de História Natural – ou museu do Ipiranga, com seu imponente edifício em estilo eclético e jardins inspirados nos do palácio de Versailles, na França.

Vai se povoando a rua da Consolação e é traçada a avenida Angélica. Artérias importantes aproximam bairros nobres, as avenidas Paulista e Higienópolis reconfiguram a paisagem urbana. O espigão da Paulista, região mais alta da cidade, é o local para onde afluem cafeicultores, novos industriais e banqueiros.

Confeitarias elegantes aparecem e casas de comércio repletas de produtos importados de luxo completam o mundo dos endinheirados da metrópole em formação. Até mesmo algumas pequenas igrejas coloniais acanhadas são demolidas sem dó para abrir espaços a praças ou destacados templos compatíveis com a nova riqueza.

A iluminação pública, em meio século, passa da vela ao querosene, ao gás e, finalmente, à eletricidade. As liteiras, cabrioles, tílburis, caleches e bondes trainados por burros são substituídos por bondes elétricos e pelos primeiros barulhentos e perigosos automóveis, no alvorecer do novo século.

O escritor Antonio de Alcântara Machado sintetizava assim o panorama das ruas, no conto *Gaetaninho*, publicado em 1927:

> Ali, na Rua Oriente, a ralé quando muito andava de bonde. De automóvel ou carro só mesmo em dia de enterro. De enterro ou de casamento.[3]

Todo o transporte público e as águas foram entregues a uma companhia canadense: *The São Paulo Tramway Light and Power Company*, conhecida pela população apenas como *Light*. Esta pequena palavra concentrou o ódio dos trabalhadores, que a acusavam de cobrar altos preços dos bilhetes. Muitas foram as manifestações, por décadas, contra ela, que era chamada de "polvo canadense". Sua grande sede central, ao lado do viaduto do Chá, foi por muito tempo o símbolo mais forte do imperialismo na cidade de São Paulo.

---

3 MACHADO, Antonio de Alcântara. "Gaetaninho". In: *Novelas Paulistanas*, Rio de Janeiro: José Olympio, 1961.

2 ELES, OS TRABALHADORES!

PARA TODA ESSA ENORME TRANSFORMAÇÃO se impunha a existência de trabalhadores que poderiam mover máquinas, aterros, tijolões e pedras, madeiras, canos e manilhas etc. Essas massas tinham necessidades básicas, como vestir-se e comer. Brotaram, então, as fábricas. Principalmente as de tecidos, que produziam tanto as vestimentas rústicas dos trabalhadores, como os tecidos finos dos elegantes ricos. Seguem as fábricas alimentares, que processam e criam macarrão, tomates, arroz, carnes, doces. Além de bebidas refrigerantes e alcoólicas. E depois núcleos de produção de móveis, chapéus, sapatos, mecânica e outras.

A localização fabril tem duas necessidades importantes. A existência de uma boa quantidade de água por perto e também de uma linha férrea que traria matérias-primas e poderia deslocar os produtos manufaturados. Áreas como o Brás, a Mooca, o Belenzinho tinham essas caraterísticas e se constituíram como bairros operários importantes.

Vale a pena fazer uma constatação sobre o processo de nascimento das indústrias em São Paulo. Os capitais que serviram de base para seu primeiro impulso pertenciam em larga margem a latifundiários que até pouco antes eram senhores de escravos. Não existia uma ruptura entre a "nobreza" terreira e a burguesia, como aconteceu nos países de antiga industrialização, como Inglaterra, França, Bélgica e Alemanha.

Aqui, setores estratégicos de infraestrutura, como os transportes, água e energia, estavam em mãos britânicas. As casas bancárias que floresciam, também, em sua maioria, europeias. E mesmo muitas das fábricas não tinham patrões nacionais. Alguns nomes mais importantes eram Matarazzo, Nardelli, Crespi, Falchi, Zimmerman, White, e assim continuando.

Constatação: o patronato paulistano tem raízes escravocratas e foram neocolonizados por capitais internacionais.

Vamos olhar mais de perto quem eram e como viviam os trabalhadores. O crescimento demográfico da cidade era vertiginoso.

Em 1890, São Paulo contava com 65.000 moradores, dez anos depois, quando entrávamos no novo século, 1900, estava perto de 250.000, em 1910, com 375.000, e em 1917, ano que nos interessa, se transformava em uma metrópole com mais de meio milhão de habitantes.

De onde chegava tanta gente? Migrações de brasileiros de vários estados e imigrantes estrangeiros, entre os quais se destacava o número de italianos. Os nascidos no Brasil representavam apenas um terço dos "paulistanos".

Os italianos chegaram para trabalhar na lavoura do café ou para criar colônias agrícolas. O trabalho era duro e mal pago. Em 1906, circulou na Europa um folheto intitulado *Contra a Imi-*

gração, referindo-se às condições de trabalho no campo paulista. O quadro que descreve é infernal. Eis um pequeno trecho:

> Em quase todas as fazendas, como horrível sobrevivência de hábitos escravistas, existe uma espécie de código em que estão consignadas as penas a infligir aos que não querem submeter-se aos rigores da disciplina e sofrer em santa paz as violentas vexações de que são vítimas continuamente. A mais leve falta, a mais inocente manifestação de descontentamento, a mais legítima insubordinação do colono é severamente punida. Os sistemas coercitivos usados em quase todas as fazendas falam bastante claro: o colono tem que obedecer, trabalhar como uma besta por doze horas consecutivas, alimentar-se de farinha de mandioca e caninha, contentar-se receber seu magro salário quando apraz ao patrão, sujeitar-se a todas as multas aplicadas pelo administrador, mostrar-se humilde e respeitoso para com o carcereiro e aos outros esbirros aos quais aos quais são conferidos plenos poderes sobre a sua vida...

Essas campanhas, denunciando um cenário virtualmente escravocrata, reduziram o número de imigrantes para o Brasil, que prefeririam outras plagas menos repressivas.

Quando tinham oportunidade, os colonos fugiam do campo e vinham a São Paulo para encontrar ocupações melhores. Na maioria das vezes, era apenas uma miragem.

Outro aspecto era que a oligarquia paulista, em meio à incipiente industrialização, precisava de mão de obra mais qualificada, e foi buscar trabalhadores especializados em regiões mais desenvolvidas da Itália, como Lombardia, Emilia Romana e Toscana. Havia um porém: parte deles já chegava com experiência em organizações sindicais, greves e partidos ligados aos interesses dos trabalhadores. Ou seja, vinham já contaminados com *doutrinas exóticas*, como a elite paulista chamava tudo o que podia parecer luta de classe.

A ambição dos de baixo

A ambição primeira do trabalhador era ter um teto. Os loteamentos em áreas boas eram caros. As áreas de moradia que cabiam nos bolsos dos pobres situavam-se nas várzeas e margens de rios, córregos e brejos, sujeita as inundações e a ataques de insetos e ratos. Os que não tinham esta possibilidade iam para as casas de cômodos. Longos corredores de quartos com uma área comum para lavar roupas e sanitários. Ainda encontramos pela urbe este tipo de moradia que chamamos cortiços.

Os industriais pouco se importavam com as condições de moradia de seus assalariados. No entanto, diante da pressão do poder público, algo fizeram: a construção de vilas operárias, nos moldes de alguns países europeus. Eram pequenas casas, em geral em torno de um pátio. A higiene era melhor, mas as condições de controle social insuportáveis. O aluguel era descontado dos salários, o pequeno comércio local também pertencia ao patrão e as compras eram feitas em cadernetas também debitadas diretamente no salário.

O trabalhador que desobedecesse alguma regra ou, pior, que entrasse em greve perdia a moradia imediatamente. A vila operária mais famosa foi a de Maria Zélia, no Belenzinho, pertencente ao industrial Jorge Street (1863-1939), proprietário da Companhia Nacional de Tecidos da Juta, situada ao lado das casas. Havia também habitações melhores em becos ou ruas sem saída ao lado das fábricas, que eram concedidas aos quadros médios do aparato produtivo. Um exemplo ainda existente é a rua Cavaleiro Rodolfo Crespi, na Mooca.

Direitos trabalhistas não existiam. Nada de seguro acidente, previdência, carteira de trabalho etc. A jornada de trabalho era normalmente de 12 horas, mas podia ser estendida nos períodos em que se impunha incrementar a produção. Nesses casos, avançava-se sobre os sábados.

Mulheres e crianças a partir dos 12 anos eram submetidas ao mesmo regime, podendo inclusive trabalhar no turno da noite.

O escritor Jacob Penteado, autor de *Belenzinho, 1910*, assim descrevia o interior de uma fábrica da zona leste paulistana:

> O ambiente era o pior possível. Calor intolerável, dentro de um barracão coberto de zinco, sem janelas nem ventilação. Poeira micidial, saturada de miasmas, de pó, de drogas moídas. Os cacos de vidro espalhados pelo chão representavam um pesadelo para as crianças, porque muitas trabalhavam descalças, ou com os pés protegidos apenas por alpercatas de corda, quase sempre furadas. A água não primava pela higiene ou pela salubridade.[1]

Nessas condições, a produtividade era baixa, o descontentamento e a revolta, uma constante. A consequência direta era que a Força Pública Paulista – a percursora da atual Polícia Militar – tinha como seu objetivo fundamental a "manutenção da ordem". Ou seja, reprimir as manifestações operárias e suas organizações.

A resistência

O nascente movimento dos trabalhadores tentava resistir como podia.

Antes do final da escravatura, em 1888, o foco da luta era o

---

1 PENTEADO, Jacob. *Belenzinho, 1910*. São Paulo: Carrenho Editorial, 2003, p. 101.

combate dos escravizados pela liberdade. Somente depois disso é que podemos falar de organização do trabalhador "livre" contra o capital. Suas primeiras formas foram a criação de sociedades de mútuo socorro. Grupos de associados colaboravam entre si, ajudando os que ficavam eventualmente desempregados, doentes, cuidando de crianças e até mesmo garantindo um funeral decente.

Foi assim que nasceu a Associação das Classes Laboriosas, em 1894, e que existe até os nossos dias. Várias ligas, centros e uniões com finalidades similares surgiram a partir daí. A difusão das organizações levou cada vez mais à discussão de métodos de lutas para a obtenção de melhorias laborais. A reivindicação básica era a redução da jornada de trabalho, que tinha sua manifestação central no dia 1º de maio. Surgiram também, nas duas primeiras décadas do século, associações paternalistas ligadas ao patronato ou à Igreja Católica.

Muito ativa desde o final do século XIX foi a presença anarquista. Esse movimento deriva das teorias politicas do alemão Max Stirner (1806-1856) e de sua principal obra, *O único e a sua propriedade*.[2] Stirner – amigo e inimigo de Karl Marx (1818-1883), criador do socialismo cientifico – pregava a destruição do Estado e a livre associação dos produtores entre si. Sua doutrina se difundiu e teve notáveis adeptos, como os russos Mikhail Bakunin (1814-1876), Piotr Kropotkin (1842-1921), o geografo francês Élisé Réclus (1830-1905) e o italiano Errico Malatesta (1853-1932).

O anarquismo perdeu forças na Europa para o socialismo da II Internacional, fundada, entre outros, por Friedrich En-

---

2   STIRNER, Max. *O único e sua propriedade*. São Paulo: Martins Editora, 2009

gels em 1889, mas se mantinha nos países latinos, de onde advinham os imigrantes que chegavam ao Brasil. O anarquismo não era um tendência política coesa – seria um contrassenso – e possuía muitos matizes, desde um profundo pacifismo, com laivos cristãos, até setores que pregavam a eliminação física de representantes do Estado. Isso aconteceu com o Rei Humberto I da Itália (1844-1900) e com a Imperatriz Isabel da Áustria (1837-1898), também conhecida como Sissi.

Em nossas terras, o anarquismo se concentrou nas denúncias dos males do capitalismo e na educação dos trabalhadores. Produziam uma ativa imprensa, com uma surpreendente diversidade de jornais e folhetos. Incentivaram muito o teatro e a música, criando peças com tramas simples e virulentas contra as injustiças sociais.

Talvez por infuência de um beletrismo parnasiano, as letras das canções não eram acessíveis a todos. Tentando popularizar os conteúdos, volta e meia seus autores se valiam de músicas já conhecidas para facilitar a difusão. Seguem alguns exemplos.

Sol dos Livres
(Música da canção Italiana *Ó Sole Mio*)
Iluminando o pensamento humano,
O Sol fecundo já desponta além,
Num horizonte em que triunfante vem,
O Extermínio dum viver tirano!
Etc...

Canção Vermelha
(Música da *Canção do Soldado*)
Nós somos do povo filhos,
fiéis arautos da rebeldia!
Dos famintos, maltrapilhos
refulge a aurora do grande Dia!

> A ralé triunfadora
> na guerra heroica da redenção,
> da peleja inovadora
> desfralda altiva o rubro pendão.
> Etc...

Tais peças denunciavam o que consideravam a hipocrisia da Igreja Católica e a opressão a que as mulheres eram submetidas. Eram adeptos da *Escola Moderna* criada pelo catalão Francisco Ferrer (1859-1909). Esse método pedagógico estipulava a educação infantil como fundamental na formação das pessoas, que crianças dos dois sexos deviam estudar juntos e que não deveria haver ensinamento religioso. Eram proibidos quaisquer tipos de castigos. Em 1909, conseguiram instalar uma bela escola na avenida Celso Garcia, 262, no Brás.

Neste mesmo ano, Francisco Ferrer, que despertara a ira da Igreja Católica e do governo da Espanha, foi executado na prisão de Montjuic, acusado de ser um dos idealizadores da Semana Trágica, em Barcelona, naquele ano.

O anarcossindicalismo

Em alguns países da Europa se desenvolvia uma tendência que assumiu a conotação de sindicalismo revolucionário, em oposição ao que os mais extremados classificavam negativamente como sindicalismo reformista e burocrático. Era essa a acusação feita aos sindicatos socialistas, considerados pelos anarquistas como ineficazes. Os primeiros sinais dessa vertente apareceram no Brasil por volta de 1905.

O sindicalismo revolucionário muitas vezes é chamado de anarcossindicalismo, apesar de ter uma atuação um tanto mais ampla. Seus ativistas não acreditavam na política e também almejavam o fim do Estado. Porém, viam como melhor caminho a construção de organismos de trabalhadores forjados para levar a uma ação direta contra os patrões. A forma de luta era variada, como sabotagem, boicotes, paralisações-relâmpago e greves. O objetivo era um dia chegar a uma greve geral insurrecional tão vasta que o Estado se desmoronaria.

O sindicalismo revolucionário conseguiu uma grande façanha em 1906, quando constituiu a Central Operária Brasileira (COB). Ela se espelhava na estrutura organizativa francesa, pouco centralizada e com um mínimo de aparato burocrático, algo diverso das centrais italiana ou alemã.

Em São Paulo, foram muitas as entidades nascentes que aderiram ao sindicalismo revolucionário, intitulando-se "de resistência". Seus inscritos não eram muitos, mas possuíam um reconhecimento forte entre os trabalhadores, apesar do clima de repressão e chantagem patronal e estatal.

As organizações dos trabalhadores foram se fortalecendo e, em 1906 e 1907, realizaram, no estado de São Paulo, magníficas greves. Os enfrentamentos custaram mortos, feridos, muitos aprisionados e lideranças expulsas do país ou desterrados para locais longínquos do Brasil, como o atual estado do Amapá.

A espinha dorsal dessas formas de organização foi obra dos trabalhadores ferroviários, apesar da ampla adesão e solidariedade de outras categorias. A reivindicação mais difundida era – como já comentado – a redução da jornada, feito obtido por algumas categorias.

Com a onda de greves que se espalhava pelo país a partir de São Paulo, as classes dominantes não tardaram em reagir. Em 1907, foi aprovada no Congresso a lei Adolfo Gordo (1641 de 7/01/1907), regularizando a expulsão de estrangeiros envolvidos em protestos trabalhistas do país. Como a maior parte das lideranças e dos operários viera de outros países, a COB e a

Federação Operária do Rio de Janeiro passaram a realizar comícios e a protestar publicamente contra a carestia de vida. Uma campanha nacional contra a lei Adolfo Gordo buscava evitar o aumento de deportações.

Os anos que se seguiram foram de crise econômica, que causou desemprego, e uma baixa nas possibilidades de luta. Mesmo assim, houve uma destacada greve de operários em calçados, tecelagem e gráficas que durou mais de cinco meses, no inicio de 1912.

Guerra total

Nuvens pesadas anunciam o cataclismo da I Guerra Mundial, em agosto de 1914. Grandes e pequenas nações europeias lançam-se umas contra as outras. A maioria dos lideres políticos e sindicais ligados à II Internacional, socialistas e social democratas traem alardeados princípios pacifistas e apoiam o esforço bélico de seus governos burgueses. O mesmo acontece nas hostes anarquistas e sindicalistas revolucionárias. Ícones dessa vertente, como o já citado dirigente russo Piotr Kropotkin, o francês Jean Grave, o italiano Alceste de Ambris defendem o enfrentamento armado contra o militarismo alemão.

O sindicalismo revolucionário no Brasil mantém suas coerentes posições contra a guerra imperialista que ceifará a vida de milhões de proletários no velho continente. Havia um motivo a mais nestas terras para reafirmar essa conduta. Os trabalhadores eram, em boa parte, europeus, e o conflito poderia distanciar uns dos outros, enfraquecendo as organizações de luta construídas duramente no calor da repressão.

A Confederação Operária Brasileira no seu boletim número 1 lança um apelo sobre o tema que termina da seguinte forma:

> Em qualquer parte do mundo, companheiros, onde a vida for possível, temos o direito de viver. Nós, os trabalhadores, somos irmãos em sofrimento; em todos os países somos os explorados. O patrão, nacional ou estrangeiro, é sempre o explorador, vive à nossa custa, enriquece-se com nosso trabalho, enquanto nós vivemos na miséria! Não podemos, portanto, ser patriotas, somos internacionalistas; nós, filhos do Brasil devemos unir nossas forças aos trabalhadores filhos de outras nações e lutarmos contra o nosso único e comum inimigo – o capitalismo.
>
> (...) Organizemos os nossos sindicatos de resistência, isto é, associemos as nossas forças individuais, sem nos preocuparmos com nacionalidades ou cores e fundemos as nossas associações de classe, com o fim de darmos combate ao capitalismo, exigindo aos nossos exploradores todas as melhorias de condições de vida, desde que tenhamos força para exigir, até que possamos um dia transformar em Terra Mãe, livre e comum toda a superfície do planeta terra.

O conflito no Velho Mundo contrapunha dois blocos: a Entente Cordial, composta pela França, Império Russo e o Império Britânico, e os Impérios Centrais onde se alinhavam a Alemanha, o Império Austro-Húngaro e Império Otomano. Ambos contavam com vários aliados menores. O proletariado brasileiro manteve-se firme na posição antibélica, mas o governo federal que declarou sua neutralidade sofria pressões crescentes para se perfilar junto à Entente Cordial. O capital britânico era hegemônico no Brasil, e os Estados Unidos mostrava suas simpatia pelo mesmo lado.

A guerra teve consequências no mundo do trabalho. Com a indústria europeia voltada para o esforço de guerra ou destruída, as importações de manufaturados diminuíram. A indústria local teve que aumentar a produção local para satisfazer as demandas. Ao mesmo tempo em que caíam as exportações de produtos como o café, abriam-se mercados campo para a expansão de outros produtos, principalmente do ramo têxtil. Os soldados do outro lado do Atlântico necessitavam de uniformes. Houve uma redução radical do fluxo de imigrantes, pois agora a mão de obra excedente europeia era enviada para morrer nas trincheiras. Isso minguava a disponibilidade de mão de obra no mercado brasileiro.

As fábricas paulistas trabalhavam a ritmo pleno, o desemprego era mínimo e os patrões ganhavam como nunca. Mas os salários eram corroídos pela carestia alta e o horário de labuta aumentava. Os sindicatos, as uniões e as ligas operárias se fortaleciam com o afluxo de novos afiliados. Em março de 1917 chegam notícias exultantes do outro lado do mundo. Os operários e as operárias – é bom frisar – de Petrogrado, capital do Império Russo, haviam derrubado o feroz governo do czar Nicolau II, pondo em marcha uma profunda revolução. As vanguardas proletárias no Brasil seguiam as boas novas com sofreguidão, lendo os vários jornais da imprensa militante. O espaço paulistano começou a entrar em ebulição.

Da ebulição à Greve

Antes de conhecer até onde chegará esta efervescência, vamos analisar as principais dificuldades que envolviam o movimento dos trabalhadores. O primeiro fator era a repressão constante, metódica e sempre mais violenta e eficaz. Depois era a própria formação do contingente proletário.

Compostos por destacamentos oriundos de diversos países, não conheciam a história brasileira, nem tinham ideia de sua extensão, complexidade e a diversidade da cultura camponesa.

Baseavam-se na sua experiência europeia, que também não era muita. Nos primeiros anos da vida laboral de um imigrante, o pensamento recorrente era ganhar algum dinheiro e voltar para sua pátria de origem. Isso não o incentivava a criar raízes na nova terra. O nativo do Brasil possuía um nível educacional e técnico muito baixo, o que o empurrava para as tarefas mais fatigantes do trabalho braçal, como os ofícios de carregadores, limpadores, vendedores de miudezas e sempre com uma rotatividade muito alta por diversas ocupações. O anarquismo e o sindicalismo revolucionário, por suas próprias convicções, teciam uma rede organizativa muito frágil e muito descentralizada, além de os afastarem de uma vida política ativa. Mas, mesmo assim, marcharam e conquistaram vitórias e lançaram as bases de para modificar as arcaicas estruturas do Estado brasileiro.

3
BRAÇOS CRUZADOS

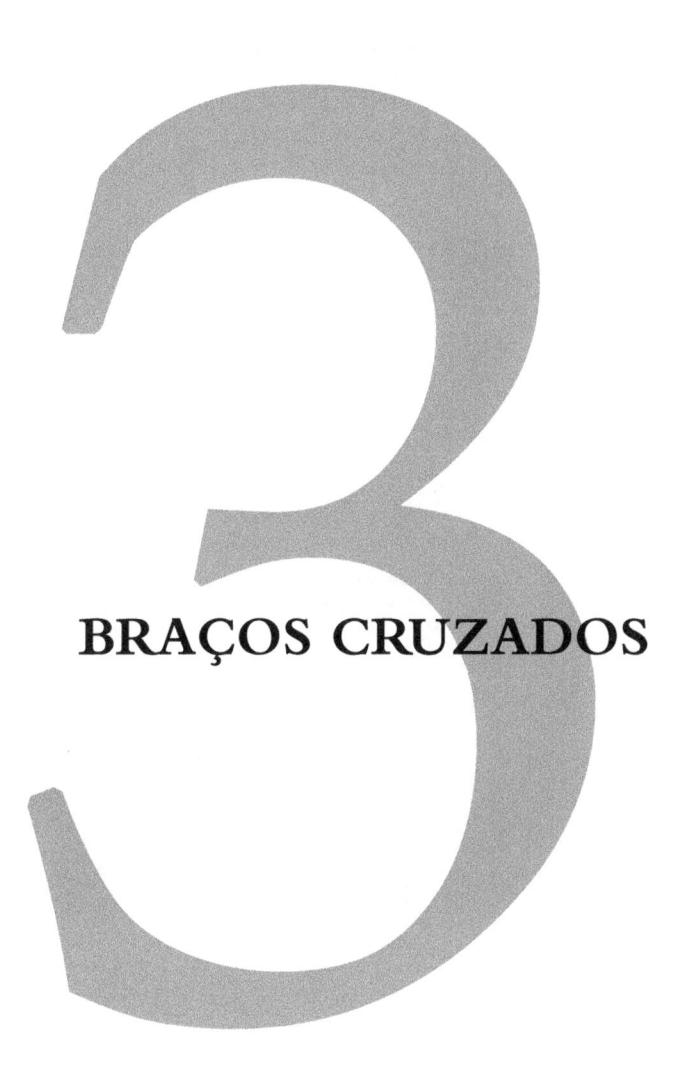

A GRANDE GREVE DE 1917 começou de forma discreta e ninguém foi capaz de prever seu desdobramento nos primeiros momentos. No dia 2 de junho, a União dos Operários em Fábricas de Tecidos de São Paulo lançou uma singela circular convocando representantes dos trabalhadores do setor para uma assembleia, a fim de tratar de assuntos de interesse da categoria. O encontro se daria três dias depois, na sede da União na rua da Mooca 292/a. A assembleia aconteceu de forma bastante atípica, pois foi realizada a portas fechadas. E as resoluções não foram divulgadas ao público. Fato é que no dia 10 de junho, uma comissão de tecelões apresentou aos diretores do cotonifício Crespi uma pauta de reivindicações. Os operários se revoltavam com o prolongamento do serviço noturno e exigiam 20% de aumento salarial.

A resposta do proprietário foi clara e lapidar. Nenhuma concessão e, se houvesse pressão dos empregados, ele fecharia a fábrica.

Os donos de tudo

Como os trabalhadores desse estabelecimento seriam o fulcro do movimento, vamos conhecer melhor a sua história. O conde Rodolfo Crespi, dono do negócio, pertencia a uma família antiga na região da Lombardia, no norte da Itália. Muitas vezes admirei a obras do pintor Daniel Crespi – um antepassado, morto em 1630 – espalhadas em diversas igrejas italianas. No final do século XVIII, a família iniciou-se no ramo têxtil e, com o tempo, tornou-se uma potência no ramo. Rodolfo nasceu em 1874 e, com apenas 20 anos, transferiu-se para São Paulo. Veio junto com o industrial Enrico Dell'Acqua, pioneiro da tentativa italiana de conquistar os mercados da América do Sul para os seus tecidos. Construiu na cidade paulista de São Roque a fábrica Brasilital.

Em 1897 iniciou-se a edificação do cotonifício Crespi na rua Javari, bairro da Mooca. Prédio imponente para a época, com três andares e com uma área de 50 mil m² de área construída e no estilo *cotto lombardo*, avermelhado, era muito parecido com outras fábricas do norte da península. Trabalhavam dois mil empregados e o estabelecimento funcionava 24 horas por dia. Os empresários italianos davam preferência a operários que chegavam de sua mesma área geográfica. Acreditavam que assim podiam exercer um paternalismo mais incisivo.

A família Crespi foi uma incentivadora de centros educativos e obras de arte. No entanto, tinham uma visão autoritária da sociedade. Apoiaram a intervenção da Itália na I Guerra Mundial, que custou, apenas a este país, 600 mil mortos. Deram sua contribuição à ascensão do fascismo e ao governo de Benito Mussolini. Quando encontraram dificuldades na crise de 1929, o partido fascista lhes encomendou os tecidos de cor preta para servir de uniformes para suas milícias, as famosas *camise nere*.

Em São Paulo, os Crespi publicaram por anos o jornal de orientação fascista *Il Piccolo*, redigido em italiano.

Precisamos dizer algo de bom. Em 1924, os operários da fábrica criaram, com incentivo dos patrões, o Club Atlético Juventus de futebol, muito amado na Mooca. A família Crespi abandonou o setor têxtil na Itália e no Brasil na década de 1960.

Voltando atrás, quando o patrão Crespi ameaçou fechar a fábrica e se negou a negociar com seus trabalhadores, estes entraram paulatinamente em greve. Várias coisas os irritavam: aumento do horário de trabalho para cobrir as encomendas que não cessavam de chegar, as remunerações baixas, a permanência do trabalho feminino à noite e o trabalho infantil. Acrescentava-se a isso a pressão, sobre os trabalhadores italianos, para que destinassem uma parte do salário para a Itália como contribuição ao esforço de guerra.

Neste caso os *oriundi* não se mostravam particularmente patriotas, pois boa perte deles acreditava que a intervenção no conflito era desnecessária, mais ainda, criminosa. A campanha a favor da Entente era muito forte pelas páginas da grande imprensa e também pela pressão do consulado italiano. O empresariado italiano da capital paulista conseguiu que cerca de 1,5 mil italianos partissem para as frentes de combate, número pequeno perto das centenas de milhares que por aqui viviam. Esses voluntários sofreriam horrores entre os péssimos transportes, uma intendência frágil na Itália e depois nas trincheiras. Alimentaram o número de túmulos dos caídos em batalhas.

Crespi usou de todas as armas para dobrar o operariado. Chamou a polícia, contratou furas-greves (intitulados pelos operários de "crumiri", palavra italiana mais ofensiva) e começou despedir os que ele julgava mais ativos na liderança. De nada adiantou, os grevistas continuaram firmes. Manter uma paralisação do trabalho naquela época significava fome. Não existia poupança em banco e nem reservas em casa. As lojinhas podiam suspender as cadernetas nas quais se anotavam despesas pagas semanalmente.

Algo precisava ser feito para manter a mobilização. No dia 15 de junho, os trabalhadores organizaram uma passeata com faixas e bandeiras, que percorreu a rua da Mooca em direção a outras fábricas, que pontilhavam o bairro. Pediam solidariedade à população. Naquela caminhada se percebia uma característica de todo o movimento: a participação de mulheres e crianças, que também mourejavam nas máquinas.

A Força Pública atacou com cavalaria e sabres e prenderam vários ativistas. Além do terror difundido pelas montarias, vale ressaltar que embora o sabre tenha o seu fio cego, a ponta pode causar ferimentos profundos. Some-se a isso o tratamento violento e aviltante dispensado aos prisioneiros e prisioneiras.

Os trabalhadores do Crespi mantiveram-se firmes. A solidariedade no bairro se estendeu e os vizinhos, pobres também, doaram alimentos e cuidaram das crianças de pouca idade. Os jornais anarquistas *Guerra Sociale* – escrito em italiano e dirigido por Luigi (Gigi) Damiani – e a *Plebe,* conduzido por Edgard Leuenroth, se esforçaram ao máximo para divulgar notícias e recolher fundos de greve. Destacou-se também *O Combate,* de Nereu Rangel Pestana, jornalista de família abastada e de tendência democrática radical.

Pequenas vitórias

Cada dia, cada hora que os operários do Crespi resistiam era uma vitória heroica. Após 16 dias enfrentando o descaso patronal e a violência policial praticamente sozinhos chegava uma boa notícia. A estamparia Nemi Jafet e Cia, do bairro do Ipiranga, entrava em greve. O tratamento foi o mesmo: polícia, cavalos e sabres. Em seguida, as empresas Votorantim, de Sorocaba, também paralizavam suas atividades. A carestia atingia a todos...

Entramos em julho de 1917 e a União dos Operários em Fábricas de Tecidos de São Paulo faz um apelo às ligas do interior de São Paulo, Rio de Janeiro, Minas Gerais e Rio Grande do Sul para que decretem o boicote a Rodolfo Crespi, impedindo que ele compre produtos de outras fábricas para honrar seus compromissos.

Os grevistas decidem realizar uma nova marcha, no dia 3 de julho. Desta vez, o desafio seria maior, pois partiriam do bairro e se dirigiriam à Praça da Sé, onde estava sendo erguida a nova catedral. Era o centro nevrálgico de São Paulo, em que se concentravam os bancos, o melhor comércio, as principais estações de bondes e com movimentação intensa de populares. Explicaram em uma nota os motivos de tal gesto:

> Em consequência da greve que há 20 dias os tecelões do cotonifício Crespi de São Paulo sustentam com dignidade, na defesa do direito a vida, os proprietários, para tentar cumprir as obrigações assumidas produzem seus produtos em outras fábricas afim de levar os grevistas à fome.
> Por tal motivo, fazemos apelo a todos operários tecelões de não colaborarem no trabalho de fura-greve em beneficio dos capitalistas.
> São milhares de famílias que lutam pela existência e cada um que ajuda o patrão contribui a derrota daqueles que lutam pela vida.[1]

---

1 Tradução do autor.

O jornal socialista *Avanti*, dirigido por Theodoro Monicelli, fez um suplemento sobre a greve, com 10 mil cópias. Nelas se lia este apelo:

> Numerosos passantes aderem aos grevistas e quando chegam à Praça da Sé, a Força Pública ataca mais uma vez. Os manifestantes correm para a Igreja em construção, onde encontram pedras e pedaços de paus e opõem forte resistência. Cavalos caem, polícias ficam lesionados e o conflito se estende para as ruas adjacentes. O centro da cidade ficou totalmente convulsionado. A greve da fábrica Crespi não pode mais ser ignorada, e toda a imprensa passa a fornecer notícias.

Outra grande fábrica, a Companhia Antártica Paulista, também na Mooca, produtora de cerveja e refrigerantes, entra em greve no dia 7. A maior parte do capital pertence a proprietários alemães. A direção nem discute com os representantes dos trabalhadores. Chamaram a polícia, que interveio de forma mais rude do que o habitual. Conflitos se espalham e acontecem de forma intermitente por todo o bairro da Mooca e se espalhou ao Brás, também na zona leste da cidade. As forças repressivas do Estado começavam a perder o controle do território.

Um tiro fatal

Na manhã de 9 de julho, um longo cortejo de trabalhadores ruma para a fábrica têxtil Mariângela, no Brás, a cerca de três quilômetros do Crespi. Pertencia a Francesco Matarazzo, o homem mais rico do Brasil, à época. Entre tantos empreendimentos, ele possuía um moinho e exportava farinha de trigo para a Itália em guerra. A escassez do produto no mercado doméstico acarretava um expressivo aumento no preço do pão. Poucos dias antes da marcha, o rei de Itália Vittorio Emanuele III havia agraciado Matarazzo com o título de Conde. Uma distinção para a oligarquia paulista: agora tinham entre eles um nobre de verdade.

Francesco Matarazzo era amigo do seu conterrâneo Rodolfo Crespi e buscava ajudá-lo ao suprir a demanda que a empresa da Mooca não lograva atender. Para os grevistas era estratégico paralisar a Mariângela, senão a luta seria fatalmente derrotada.

O percurso fora interrompido pouco depois de passarem pela Antártica, no meio do caminho. Ao chegar à rua Monsenhor Andrade, próximo à esquina da Fernandez Silva, trinta cavalariços e cinquenta soldados armados atacaram a multidão. A ordem agora era atirar. Ouviram-se estampidos e gritos, os manifestantes revidam, inclusive com armas de fogo. Entre os feridos estava o jovem espanhol José Ineguez Martinez, 21 anos, que faleceu um dia depois na Santa Casa de Misericórdia. O drama de Martinez chocou os paulistanos. Seu país atravessava um período de empobrecimento acentuado e convulsão social. A Espanha se mantivera neutra no conflito mundial, o que facilitava a imigração aos mais desesperados. A família Martinez estava entre esses.

O pai Antônio, a mãe Lourença e o irmão Pedro, de 15 anos, desembarcaram com o rapaz no dia 3 de janeiro daquele ano, no porto de Santos. Buscavam emprego em São Paulo. Por algum motivo, o pai ficou gravemente doente e José conseguiu o trabalho como sapateiro, que se tornou o único meio de vida da família. A bala acabou com seus sonhos e jogou a família na miséria. Seu funeral atraiu milhares de pessoas, na avenida Rangel Pestana. O féretro transformou-se num ato de protesto na praça da Sé. Logo, a paralisação se estendeu por 35 empresas, e envolveu mais de 20 mil operários. Com a adesão dos condutores e dos funcionários da Light, os bondes deixaram de circular. Nos três dias seguintes ao enterro, a greve foi total. Havia conflitos em diversos pontos da cidade.

Jacob Penteado assim descreveu a situação:

> A Força Pública entrou em ação. Os espancamentos multiplicaram-se. Lembro-me de que os cavalarianos subiam nas calçadas, de sabre em punho, e atacavam até mulheres e crianças, que estavam às janelas ou às portas de suas casas. O ambiente era de intenso terror.[2]

O governo do Estado ordenou o fechamento das sedes operárias, ligas e uniões na capital.

Apesar da repressão, o movimento não cedia. Everardo Dias assim descreveu aquele momento, em seu livro *História das Lutas Sociais no Brasil*:

> São Paulo é uma cidade morta: sua população está alarmada, os rostos denotam apreensão e pânico, porque tudo está fechado, sem o menor movimento. Pelas ruas, afora alguns transeuntes apressados, só circulavam veículos militares, requisitados pela Cia. Antártica e demais indústrias, com tropas armadas de fuzis e metralhadoras. Há ordem de atirar para quem fique parado na rua. Nos bairros fabris do Brás, Mooca, Barra Funda, Lapa, sucederam-se tiroteios com grupos de populares; em certas ruas já começaram fazer barricadas com pedras, madeiras velhas, carroças viradas e a polícia não se atreve a passar por lá porque dos telhados e cantos partem tiros certeiros. Os jornais saem cheios de notícias sem comentários quase, mas o que se sabe é sumamente grave, prenunciando dramáticos acontecimentos.

---

2 PENTEADO, Jacob. *Op. Cit*, p. 139.

Sem locais de reuniões e sem coordenação, o movimento enfrentava dificuldades. A realidade impôs a formação de um centro diretor que foi reconhecido pelas massas trabalhadoras. Na forja da luta nasceu o Comitê de Defesa Proletária.

Os dirigentes

A direção do Comitê foi composta, em sua maior parte, por ativistas do anarquismo. Eram eles:

Edgard Leuenroth (1881-1968), brasileiro, filho de imigrante alemão. Nascido em Mogi-mirim, chegou à capital paulista ainda criança, indo morar no Brás. Trabalhou desde os 10 anos de idade e sua formação foi autodidata. Aderiu ao anarquismo em 1904 e colaborou no jornal *O Trabalhador Gráfico*, o primeiro de um número infindável de órgãos de imprensa nos quais escreveu. Além de jornalista foi um incansável organizador, desde sua participação na fundação da COB, em 1906. Dirigiu o periódico *A Lanterna*, de forte conotação anticlerical, entre 1906 e 1910. Às vésperas da greve de 1917 fundou o jornal *A Plebe*, que com altos e baixos durou até 1951. Foi o mais importante veículo do anarquismo no Brasil. Considerado ótimo orador, tornou-se o principal porta-voz do Comitê de Defesa Proletária. Como resultante dessa atuação passou seis meses no cárcere, sendo duramente tratado, mas recebendo robusta solidariedade popular. A vitória dos bolcheviques na Rússia e o surgimento de brotos do comunismo no Brasil acabaram levando a uma difícil ruptura com seu amigo Astrojildo Pereira (1890-1965), que anos depois seria um dos fundadores do Partido Comunista. Por anos polemizaram asperamente. Participou de batalhas progressistas durante décadas a fio. Ao morrer, deixou um maravilhoso acervo documental das lutas operárias, que atualmente se encontra no arquivo que leva seu nome, na Universidade Estadual de Campinas (Unicamp).

Theodoro Monicelli (1875-1950), italiano. Nasceu em Ostiglia, Lombardia, norte da Itália. O encontramos em 1897 na brigada garibaldina que combate com o exercito grego na guerra contra o Império Otomano. Os garibaldinos eram liderados por Ricciotti, filho da brasileira Anita Garibaldi. Monicelli, inscrito ao Partido Socialista Italiano, tornou-se um dos organizadores da Confederazione Generale dei Lavoratori Italiani (CGIL). Dirigiu a central sindical nas cidades de Bergamo e Florença. Em 1907 foi o responsável por uma combativa greve na cidade de Parma. Chegou a São Paulo em 1913 e dirigiu o jornal socialista *Avanti*. Expulso em 1919, volta à Itália. No primórdio da ditadura de Mussolini sofreu covarde agressão de uma milícia fascista, que o deixou inválido e sem possibilidade de atuação. Faleceu em Genova.

Gigi Damiani (1876-1953), italiano, nascido em Roma. Anarquista desde jovem, chegou ao Brasil em 1898, onde trabalhou como pintor de cenários teatrais e de ornamentos em residências. Jornalista, escreveu poesias e contos, atuou em vários jornais anarquistas como *Battaglia*, *La Barricata* e foi diretor do *La Guerra Sociale*. Expulso do Brasil em 1919 retornou ao seu país, onde dirigiu o jornal *Umanità Nova*. Com o advento do fascismo, em 1922, sofreu continuas perseguições. Asilou-se na França em 1926, depois na Espanha e, finalmente, em Túnis, na África. Retornou à sua cidade natal em 1946.

Francesco Cianci (1885-??), italiano. Nasceu em 1885 em Cesena, Calabria. Pouco se sabe de sua vida. Em 1913 estava em São Paulo, pois foi fichado pela polícia como anarquista. Litógrafo de profissão, escreveu para a *Voz do Trabalhador* da Confederação Operária Brasileira e *La Guerra Sociale*. Em 1930, o encontramos como responsável da União dos Profissionais do Volante. Fez parte do Comitê Libertário pró filhos dos prisioneiros políticos da Itália.

Foi preso em 1937, em São Paulo, e depois não se tem mais notícias de sua vida.

Antônio Candeias Duarte (1881-??), português, de Coimbra. Aos 10 anos emigrou, com os pais, para São Paulo. Era proprietário de oficina tipográfica na rua da Mooca, 296, justamente no epicentro dos acontecimentos de julho de 1917. Participou do jornal *A Plebe* no período de sua fundação. Preso em 13 de setembro daquele ano, foi deportado. Voltou ao ser absolvido pelo Supremo Tribunal Federal. Escreveu em 1919 o libreto *O que é o marxismo ou bolchevismo*, com o pseudônimo de Hélio Negro, junto com Edgard Leuenroth. Fez parte do grupo que tentou fundar o Partido Comunista do Brasil, sempre em 1919. Não deu certo. Mas encontrou-se junto com Astrojildo Pereira na fundação definitiva, em 1922. Sua atuação foi permanente na área de editor, ligado ao Partido Comunista. Foi muito ativo no semanário *Homem do Povo*, extraordinária experiência jornalística realizada por Oswald de Andrade e Patrícia Galvão (Pagu). Passou a vida sendo perseguido pela censura e sofrendo algumas prisões. Com o partido sendo posto na ilegalidade em 1947, não se tem notícias de sua atuação posterior.

Rodolfo Felippe. Quase nada se sabe sobre ele. O historiador do anarquismo Edgar Rodrigues o considera um dos melhores jornalistas operários do Brasil. Escreveu no periódico anarquista *Germinal*, em 1913. Posteriormente, ligou sua vida ao *A Plebe*, desde suas origens, em 1917, e foi seu diretor, de forma intermitente, dos anos 1930 até a sua extinção em 1951. A atividade lhe custou perseguições e detenções.

Além de suas profissões específicas, todos exercem um jornalismo ligado à causa proletária. Eram cultos e experientes. Três são italianos, o que expressa a composição do operariado naqueles tempos. Cinco são anarquistas e um socialista. Candeias se tornará comunista, outros se manterão nos sulcos que haviam traçado desde cedo. Nenhum deles abandonou seus ideais ou traiu, o que não foi pouco. E, por isso, tanto sofreram. Muito anos depois, Gigi Damiani escreveria sobre seus companheiros de Comitê:

> ...mas justo é dizer que os homens que o haviam constituído não se pouparam; todos marcharam sempre na primeira linha e muitas vezes com o revólver em punho.

Acrescento: foram verdadeiros heróis.

O funeral e a revolta

A primeira convocação do Comitê de Defesa Proletária foi a de transformar o funeral de José Martinez, que se realizaria em 12 de julho, em um grande cortejo de massas.

> Sobre o decesso do operário José Martinez, vítima da brutalidade policial, fica estabelecido de convidar todos os trabalhadores desta capital a intervir ao funeral desta vítima do ideal de defesa e elevação da classe produtora de toda a riqueza e que, entretanto, vegeta na pior miséria.

Na manhã prevista, o féretro sai da residência da família Martinez, localizada na Rua Caetano Pinto 91, no Brás. Aliás, trata-se da mesma rua onde hoje se encontra hoje a sede da Central Única dos Trabalhadores (CUT). O céu estava escuro e caía uma chuva fina. Gente, gente, muita gente chegava de todas as partes. Nas fotos da época vemos que a maioria aparentava estar vestida para a ocasião e usando chapéus. Era a forma como o proletariado exprimia seu orgulho de classe. As famílias economizavam seu suado salário para que o homem e a mulher se apresentassem bem vestidos em ocasiões especiais, como o 1º de Maio, dia do trabalhador. Quando não tinham recursos, alugavam roupas nas inúmeras lojas destinadas a isso.

A marcha se iniciava, tendo à frente mulheres, que levavam as coroas de flores e bandeiras vermelhas. A multidão ia engrossando durante o percurso indicado pelo CDP. Seguiam pela avenida Rangel Pestana, e a rua do Carmo, depois a ladeira do Carmo, travessa da Sé, 15 de novembro, rua São Bento, ultrapassavam o viaduto do Chá, com suas calçadas ainda de madeira, a Barão de Itapetininga, a praça da República, subiram a av. Consolação e chegaram ao cemitério do Araçá. Uma caminhada de pouco mais de seis quilômetros pelo centro da capital. A Força Pública tentou interromper várias vezes o cortejo, mas teve que se inclinar diante da determinação popular.

Ardentes e combativos discursos pontearam o final da cerimônia, já no cemitério. Falou um representante da colônia espanhola, José Fernandez, depois Theodoro Monicelli e Edgar Leuenroth, pelo comitê, e finalmente a espanhola Juana Rouco Buela. Esta mulher impressionou os ouvintes pela dramaticidade de seus gestos e suas palavras comovedoras.

Mas quem era ela? Juana Buela nasceu em Madri em 1889 e, como tantas outras famílias espanholas, a sua se deslocou para Buenos Aires. Sua profissão desde muito jovem foi a de costureira. Ligou-se ao anarquismo e ao sindicalismo revolucionário, no qual construiu um setor feminino do movimento. Elaborou jornais, participou de greves e ficou conhecida por seus dons de oratória. Expulsa da Argentina, voltou à sua terra natal e militou na Escola Moderna de Ferrer. Perseguida, teve de fugir para o Uruguai onde, em pouco tempo, foi presa por um ano. Quando a guerra europeia estava para começar, tentou se mudar para a França, mas o capitão do navio onde se encontrava a desembarcou no Rio de Janeiro. Viveu passando roupas e buscando contatos com seus companheiros platinos. Juana deslocou-se em seguida para São Paulo, onde colaborou na greve de 1917. Logo depois, volta à Argentina, onde continuaria sua vida aventurosa. Morreu em Buenos Aires, em 1969.

Voltemos ao funeral de Matinez. Parecia que toda a dor causada pela exploração e humilhação de sempre se concentrava naquele dia e local. Milhares choravam. Se fosse possível determinar o momento em que o proletariado paulista deixou de ser "em si e se tornou para si", criando consciência de classe, podemos dizer que foi aquele.

Realizada as exéquias, o povo não se dissolvia. Uma parcela dirigiu-se à praça da Sé, onde continuavam a falar lideranças de fábricas. Outro bloco voltou aos bairros do Brás e da Mooca. O que aconteceu a partir de então é muito difícil de descrever. Os operários assustados com o espectro da fome, atacaram os depósitos alimentares que se encontravam nas diversas estações ferroviárias. Policiais disparam e sofreram um revide forte com armas também nas mãos de populares.

Caem mortos de ambas as partes. Quem serão e quantos? Sobre esse assunto voltaremos mais tarde. Nos dias 12 e 13 de julho, a cidade estava completamente paralisada, sem transportes urbanos, ferrovias, comércio e fábricas. As ruas estavam repletas de transeuntes protestando e a agitação se espalha pelo Bom Retiro, Lapa, Barra Funda, Belenzinho e na zona do ABC. Somente bombeiros, policiais e as carrocinhas que tinham a autorização do Comitê de Defesa Proletária podiam circular. Na noite, as vias estavam ainda mais escuras, pois inúmeras lâmpadas dos postes estavam quebradas. Na rua Lopes de Oliveira, na Barra Funda, foi baleada mortalmente uma menina de 12 anos, Eduarda Binda. Na rua Augusta, sucumbe baleado Nicola Salerno, quando tenta deter um bonde dirigido pela polícia. O jornal *Estado de São Paulo* anuncia que os mortos desses dias podem chegar a 12. Centenas são os aprisionados e tantos os feridos, havendo também "desaparecidos".

Problemas da polícia

A Força Pública, com seus elementos exaustos, começou a fraquejar. Reforços foram chamados do interior do Estado. O Governo Federal colocou tropas do Exército, estacionadas no Vale do Paraíba, em alerta. Santos e toda a orla também estavam em revolta, que se alastrava entre os trabalhadores do porto. Para lá são deslocados o cruzador República e o destróier Mato Grosso – dois dos mais modernos da Armada – com fuzileiros navais para tentar controlar a estiva.

É incrível que para reprimir uma greve se enviem navios de guerra. Acontece que o porto de Santos era o principal do país e por ali escoavam matérias primas que iriam ajudar o esforço de guerra da França, Inglaterra e Itália. Mesmo que o Brasil fosse ainda neutro, a entrada dos Estados Unidos contra os Impérios Centrais, em maio, e o afundamento do navio nacional Paraná por submarinos alemães, em abril, empurravam o país ao lado da Entente.

Circulava naqueles dias um apelo aos soldados com a assinatura *Um grupo de mulheres grevistas*. A revista carioca *O Debate*, criada e dirigida por Astrojildo Pereira e Adolfo Porto, com a colaboração de Lima Barreto, publicou e elogiou o texto. *O exemplo da Rússia. Teremos também um comitê de Soldados e Ope-*

rários? De fato, as mulheres proletárias tinham lançados apelos semelhantes no início da Revolução Russa em março de 1917.

Apelo aos soldados

Soldados! Não deveis perseguir os nossos irmãos de miséria. Vós também sois da grande massa popular, e, se hoje vestis fardas, voltareis a ser amanhã os camponeses que cultivam a terra, ou os operários explorados das fábricas e oficinas.

A fome reina em nossos lares e nossos filhos nos pedem pão! Os perniciosos patrões contam, para sufocar as nossas reclamações, com armas que os armaram.

Soldados! Estas armas vô-las deram para garantir o seu direito de esfomear o povo! Mas, soldados, não vos presteis a fazer o jogo dos grandes industriais, que não têm pátria!

Lembrai-vos de que o soldado do Brasil sempre se opôs à tirania e ao assassínio das liberdades.

O soldado brasileiro recusa-se, no Rio, em 81, a atirar sobre o povo quando protestava contra o imposto do vintém e até o dia 13 de maio de 1888 recusava-se a ir contra os escravos que se rebelavam, fugindo ao cativeiro!

Que belo exemplo a imitar! Não vos presteis, soldados, a servir de instrumento da opressão dos Crespi, Matarazzo, Gamba, Hoffmann etc., os capitalistas que levam a fome ao lar dos pobres!

Soldados! Cumpri vosso dever de homens! Os grevistas são vossos irmãos na miséria e no sofrimento. Os grevistas morrem de fome, ao passo

que os patrões morrem de indigestão!
Soldados recusai-vos ao papel de carrascos!

S. *Paulo, junho de 1917*
Um grupo de mulheres grevistas.[3]

Seguiram ainda mais dois apelos, dirigidos especificamente aos soldados do Exército e da Marinha, assinados simplesmente *Os Operários*. O primeiro, mesmo que mais longo, recalcam as ideias do exposto no das mulheres. Outro conclamava os militares do Exército e da Marinha para defender os trabalhadores contra a violência policial. Também seriam republicados por *O Debate*.

Diversos indícios apontam que os manifestos surtiram algum efeito. Houve defecções na polícia e mau humor entre os soldados do Exército. Porém, seria necessário um trabalho político de longo tempo para que os resultados fossem substanciosos. E o tempo era o que faltava aos de baixo.

As negociações

Era preciso vencer o impasse achando uma saída. O CDP, depois de consultar diversas categorias, traçou o programa mínimo de reivindicações. Foi uma surpresa. Era equilibrado e moderado, principalmente levando em conta a situação quase insurrecional em que estava inserido:

> 1. Libertação de todos os presos que se encontram detidos por motivo da greve.

---

3 Originalmente publicado em *A Plebe*, São Paulo, 29 de julho de 1917, ano I, número 6.

2. Nenhum trabalhador será demitido por ter participado do movimento.

3. Liberdade de associação.

4. Proibição ao trabalho para menores de 14 anos.

5. Abolição da presença feminina e menores de 18 anos nos turnos da noite.

6. Garantia da estabilidade do emprego.

7. Jornada de trabalho de 8 horas com acréscimo de 50% nas horas extras. E semana inglesa.

8. Aumento salarial de 35% nos salários menores e 25% nos mais elevados.

9. Pagamento dos salários de 15 em 15 dias: foram acrescentadas quatro reivindicações de caráter geral, que serviriam para a imensa maioria da população. Eram elas:

10. Barateamento dos gêneros de primeira necessidade;

11. Requisição, se necessário, de alimentos, tirando-os das mãos de especuladores;

12. Medidas de controle para acabar com a adulteração dos alimentos básicos e;

14. Diminuição de 30% dos aluguéis das moradias mais pobres.

A plataforma refletia uma posição política madura e inteligente, que ampliava os horizontes da luta e gerava vasto consenso. Além disso, levava em consideração a correlação de forças existente. A greve não podia perdurar por muito tempo e as forças do Estado concentrariam aparatos militares vindos de outras áreas do país. O desenlace poderia ser um massacre.

O comitê convocou os grevistas e a população em geral para que aprovassem a proposta. Foi um jogo arriscado, pois a repressão poderia atacar mais uma vez. Tudo correu bem. O encontro foi no antigo hipódromo da Mooca. A participação popular foi expressiva, e o apoio quase total. Os dirigentes do comitê estavam legitimados a negociar.

Um grupo de industriais – não todos – se dispôs a realizar a tratativa. A aparente boa vontade tinha razão de ser: a agitação estava chegando de forma violenta aos seus santuários, como Higienópolis e avenida Paulista. E, pior, os lucros caíam.

O governo do Estado também abriu uma possibilidade de conversa. Porém, a resposta dos trabalhadores foi cortante: não iriam negociar com um governo que tinha se manchado de sangue, assassinando e ferindo tantas pessoas. E também não falariam com os patrões, pois afinal eram sindicalistas revolucionários e o dialogo ía contra a sua índole. Tudo voltou à estaca zero, de novo.

Pode parecer uma posição muito sectária, a dos sindicalistas revolucionários, mas é também necessário compreender quem eram seus interlocutores. Entre os industriais havia a ala "dura", liderada por Crespi, e os dialogantes, entre os quais se notabilizou Jorge Street, já mencionado páginas atrás. Tamanha foi sua autopropaganda, que chegou a ser considerado o Robert Owen (1771-1858) brasileiro. Owen foi um empresário também do ramo de fiações e socialista utópico britânico, critico ardoroso do capitalismo e das condições de trabalho vigentes no século XIX.

Até hoje perdura esta falácia sobre Jorge Street. Vamos conhecer suas próprias palavras, para sabermos o que pensava o idealizador da vila Maria Zélia. Apenas algumas linhas de um trabalho muito maior publicado em setembro de 1917, logo depois da greve:

> Como já disse, convivo com meus operários, acompanhando-os em todas as fases dos seus trabalhos. Nunca notei neles, mesmo no fim do dia, sintomas que indicassem excesso de cansaço, nem

> diminuição nas suas aptidões para continuar a trabalhar: assistindo, constantemente, as suas saídas das fábricas, depois do trabalho concluído, os tenho visto sair alerta, conversando e marchando firmes e bens dispostos... O horário mais conveniente é o de 56 horas por semana. Assim poder-se-ia trabalhar 10 horas nos dias de semana e 6 horas no sábado.[4]

Vamos ver o que ele acha do trabalho das crianças:

> Ainda aqui, os teoristas exageram os inconvenientes do trabalho da infância nas fábricas e desviam a opinião pública, generalizando alguns abusos, certamente praticados, que, no entanto, constituem antes exceções. Eu tenho nas fábricas que dirijo um grande numero de crianças entre 12 a 15 anos, cerca de trezentas, de ambos os sexos. Trabalham todas dez horas, como os adultos.

Este santo homem era aquele que seus colegas consideravam um perigoso subversivo esquerdista. Mesmo assim, era um dos que defendiam a abertura de negociações com os grevistas. Mas o impasse continuava. Será Nereu Rangel Pestana, do jornal *O Combate*, a salvar a situação.

Ele criou uma comissão de imprensa, composta pelos representantes de nove jornais, que se dispunham a intermediar as negociações. Necessário dizer que eles continuavam a serem publicados, pois os gráficos acreditavam, justamente, que era fundamental passar as informações da greve para a população em geral, num tempo em que inexistia o rádio.

---

[4] PINHEIRO, Paulo Sérgio. e HALL, Michael H. *A Classe Operária no Brasil*.Vol. II. São Paulo: Editora Brasiliense, 1981, p. 176.

O chamado do Comitê de Imprensa foi publicado em todos os jornais da capital, de forma destacada:

A greve

Impressionados pelo estado de agitação em que se encontra a cidade de São Paulo e pelas dolorosas ocorrências que se tem desenrolado nos últimos dias;

Considerando, ao mesmo tempo, que nada justifica semelhante situação, visto como não há excessos de intransigência nem do lado dos grevistas nem do lado dos industriais, só faltando um meio prático e eficaz de se porem de acordo as partes em conflito;

Os representantes da imprensa, abaixo assinados, cedendo exclusivamente às simpatias que nutrem pela causa do operariado e ao desejo de ver a cidade restituída à ordem e calma habituais, resolvem tomar a iniciativa de uma mediação entre os reclamantes, de um lado, e os industriais e representantes dos poderes públicos, do outro, confiando em que seus esforços serão por todos bem compreendidos e sinceramente auxiliados.

Neste intuito pedem ao Comitê de Defesa Proletária que nomeie uma comissão autorizada a entrar em negociações com os industriais e com o governo, por intermédio da Comissão de Imprensa.

Essa comissão de operários deverá comparecer a uma reunião amanhã, das 14 às 16 horas, na redação do *Estado de S. Paulo*, comprometendo-se os abaixo assinados, sob palavra de honra, guardar absoluta reserva sobre tudo quanto for estranho aos termos exclusivos das últimas propostas formuladas em nome dos grevistas.

Estabelecido o mínimo de reclamações dos operários, será lavrada uma ata da reunião e a comissão de jornalistas procurará imediatamente entender-se com os industriais e com os representantes do governo no sentido de obter o máximo de concessões em favor do operariado.

A comissão abaixo-assinada não só espera que por esta forma se encaminhe facilmente a desejada solução do atual conflito, como está convencida de que por outra maneira não se conseguirá por um termo feliz a tão complicada e perigosa situação.

São Paulo, 13 de julho de 1917.
João Silveira Júnior – *Correio Paulistano*
Valente de Andrade – *Jornal do Comércio*
Umberto Serpiere – *Fanfulla*
J.M. Lisboa Junior – *Diário Popular*
Paulo Moutinho – *A Gazeta*
Valdomiro Fleury – *A Platéia*
João Castaldi – *A Capital*
Paulo Mazzoldi – *Il Piccolo*
Nestor Pestana e Amadeu Amaral – *O Estado de São Paulo*

Deve ter sido muito difícil escrever esse texto, e custado sacrifícios imensos. Alguns desses jornais tratavam os anarquistas e os sindicalistas revolucionários como criminosos, conduzidos pela ralé que chegava da Europa. Posteriormente, se agregaram à Comissão de Imprensa os representantes de mais jornais, entre eles *O Combate*, de Nereu Rangel Pestana. Foi um ganho para os grevistas, pois o órgão estava decisivamente ao lado deles. Nereu escreveria, mais tarde, acidas crônicas contra a oligarquia paulista com o pseudônimo de Ivan Subiroff. Em 1920, editou um veículo extremamente provocador com o título *O jornal do Subiroff – Orgam Maximalista –* Redator chefe Ivan Subiroff – Delegado

Russo em S. Paulo. Fornecia notícias da revolução bolchevique com traços exagerados, aterrorizando os reacionários.

Os dirigentes do Comitê de Defesa Proletária ficaram satisfeitos com a proposta, embora sempre com um pé atrás. Responderam positivamente à ideia, não sem antes denunciar mais uma vez as violências sofridas pelos os grevistas, através da máquina repressiva. A data, coincidentemente, era o 14 de julho, aniversário da Queda da Bastilha em 1789, efeméride comemorada pelo proletariado. Podia indicar bom augúrio.

No dia seguinte, os seis representantes do CDP rumaram para a sede de *O Estado de S. Paulo*, na Praça Antônio Prado, coração da urbe.

Foram bem recebidos, num dos templos da burguesia, coisa que não estavam acostumados, e logo começou o contraditório. Houve dois turnos de encontros e no final chegou-se a um acordo. Aumento salarial de 20%, liberdade dos presos, não demissão dos grevistas, liberdade de organização, eliminação do trabalho infantil e da participação feminina nos turnos da noite. Também constava da lista a redução da jornada de trabalho. O governo se empenharia em criar feiras livres em pelo menos dois dias da semana, num esforço de diminuir a carestia. Isso foi o básico. Nem tudo foi conseguido, porém representou uma grande vitória. Por outro lado muitos "capitães de indústria" continuavam resistindo.

4
VITÓRIA SUADA

No dia 16, o CDP lançou uma convocação, saudando as conquistas. Nas primeiras linhas do panfleto estava escrito:

> Trabalhadores.
> O Comitê de Defesa Proletária vos convida a celebrar a vitória da vossa causa nos comícios que hoje serão realizados e nos quais será comunicado o que, graças a vossa admirável resistência e decidida pressão, foi conseguido dos industriais e dos governantes.

Depois de arrolar cada tento obtido, o texto arrematava:

> Viva, portanto, a união dos trabalhadores!
> Às vítimas tombadas nesta luta pela prepotência policial consignamos a nossa saudação, fazendo votos pela fraternidade humana.

Enquanto isso, as portas das prisões se abriam com limitações e os ativistas recuperavam a liberdade. Era suspensa também a proibição de realizar manifestações. Foram marcadas três assembleias/comícios para deliberar sobre as propostas, no bairro do Brás pela manhã e à tarde na Lapa e no Ipiranga.

A maior foi no largo da Concórdia, no Brás. Compareceu uma multidão. Os jornais avaliaram o público presente em 10 mil participantes. Testemunhas oculares falaram em muito mais. De qualquer forma, foi imponente e comovente. Famílias proletárias, marcadas pela fome, medo e cansaço das últimas semanas marchavam e se aglutinaram para escutar as propostas de seus líderes. Discursaram Edgar Leuenroth, Antônio Candeias Duarte e Teodoro Monicelli, entre outros. Explicaram como haviam chegado ao acordo, exaltaram a vitória coletiva e conclamaram que a massa de trabalhadores voltasse ao trabalho. Ao mesmo tempo, pediam vigilância e solidariedade para com as categorias que ainda eram obrigadas a manter a paralisação. Exortavam também que reforçassem as estruturas sindicais existentes.

Milhares de mãos se levantaram aprovando as propostas dos membros do Comitê de Defesa Proletária. Os olhos marejaram quando, forte, se entoou o canto da *Internacional*, em muitos idiomas.

Naquele momento, se amalgamaram as células bases do proletariado brasileiro. Vinham de países diversos e distantes, com línguas e culturas diferentes, mas agora se transformavam numa entidade única. O mesmo espetáculo se repetiu no Ipiranga e na Lapa, embora com contingentes menores.

Oração leiga

A *Internacional*, canto dos trabalhadores de todo o mundo, traduzido em inúmeros países, tem letra do francês Eugène

Pottier (1816-1887), que havia combatido na Comuna de Paris em 1871, e música do belga Pierre De Geyter (1848-1932). Adotada como hino pela Internacional Socialista, era usada também pelos anarquistas. Com a criação da Internacional Comunista, passou a ser também seu hino oficial.

As muitas traduções apresentam algumas variações. Em nosso caso, a versão mais conhecida é a do anarquista português Neno Vasco (1878-1923), de 1909. Ele viveu no Brasil de 1901 a 1910 e atuou decididamente na imprensa anarquista. Como alguns termos da letra são de difícil compreensão, pensou-se em algo mais leve e moderno. Porém, todas as tentativas falharam e seguimos com os versos de Neno Vasco há mais de um século. É sempre muito emocionante. Seguem seus versos:

> De pé, ó vitimas da fome
> De pé, famélicos da terra
> Da ideia a chama já consome
> A crosta bruta que a soterra
> Cortai o mal bem pelo fundo
> De pé, de pé, não mais senhores
> Se nada somos em tal mundo
> Sejamos tudo, ó produtores
>
> Bem unidos façamos
> Nesta luta final
> Uma terra sem amos
> A Internacional
>
> Senhores, Patrões, chefes supremos
> Nada esperamos de nenhum
> Sejamos nós que conquistemos
> A terra mãe livre e comum
> Para não ter protestos vãos
> Para sair desse antro estreito
> Façamos nós por nossas mãos

Tudo o que a nós nos diz respeito

Bem unidos façamos
Nesta luta final
Uma terra sem amos
A Internacional

O crime de rico, a lei o cobre
O Estado esmaga o oprimido
Não há direitos para o pobre
Ao rico tudo é permitido
À opressão não mais sujeitos
Somos iguais todos os seres
Não mais deveres sem direitos
Não mais direitos sem deveres

Bem unidos façamos
Nesta luta final
Uma terra sem amos
A Internacional

Abomináveis na grandeza
Os reis da mina e da fornalha
Edificaram a riqueza
Sobre o suor de quem trabalha
Todo o produto de quem sua
A corja rica o recolheu
Querendo que ela o restitua
O povo só quer o que é seu

Bem unidos façamos
Nesta luta final
Uma terra sem amos
A Internacional

Nós fomos de fumo embriagados
Paz entre nós, guerra aos senhores

Façamos greve de soldados
Somos irmãos, trabalhadores
Se a raça vil, cheia de galas
Nos quer à força canibais
Logo verás que as nossas balas
São para os nossos generais

Bem unidos façamos
Nesta luta final
Uma terra sem amos
A Internacional

Pois somos do povo os ativos
Trabalhador forte e fecundo
Pertence a Terra aos produtivos
Ó parasitas deixai o mundo
Ó parasitas que te nutres
Do nosso sangue a gotejar
Se nos faltarem os abutres
Não deixa o sol de fulgurar

Bem unidos façamos
Nesta luta final
Uma terra sem amos
A Internacional

    Durantes décadas, inúmeros foram os mártires que a cantaram nas masmorras, nas salas de tortura e no patíbulo. Com a voz alta quando as forças permitiram ou apenas murmurando, num último fio de voz. Com força e ira marchando ao combate ou numa explosão de alegria nas vitórias. É a oração leiga dos revolucionários de todo o planeta.
    Enquanto cantavam na Largo da Concórdia, no Brás, em Campinas se morria. Também por lá houve uma paralisação muito extensa. Correu a notícia de que um dos líderes da gre-

ve campineira, preso na cidade, seria levado para São Paulo. Como protesto, grupos de populares se aglomeraram nas porteiras da ferrovia.

A repressão policial disparou, sem aviso, e quatro populares caíram mortos e tantos outros feridos. O comandante local da Força Pública desmentiu o fato, alegando que havia apenas um morto. Mas os funerais foram quatro. Logo, mais uma vez, contaram mentiras.

A greve de Campinas foi se extinguindo aos poucos, havendo encontros e negociações em diversos estabelecimentos e setores. Os transportes voltaram e os ânimos foram se acalmando. Estava chegando a hora de um balanço e de desenhar as batalhas do futuro.

Mortos e desaparecidos de São Paulo

Em setembro de 1990, no cemitério Dom Bosco, no bairro de Perus, São Paulo, foi reaberta pela prefeitura da cidade, uma vala clandestina. Foram encontradas mais de mil ossadas. Chegou-se a este resultado pela pressão de familiares de prisioneiros desaparecidos no período da Ditadura Militar, além da decisão e coragem da então prefeita Luiza Erundina. Testemunhas – entre elas funcionários do cemitério – contaram que pela noite chegavam carros policiais carregando corpos ali enterrados às escondidas. Isto durou de 1971 a 1976.

Eram as vítimas dos Esquadrões da Morte compostos pela policia e pelo famigerado Destacamento de Operações de Informação – Centro de Operações de Defesa Interna (Doi-Codi), organização ilegal vinculada ao II Exército e localizada na rua Tutoia 921, bairro do Paraíso (!). As análises ante-mortem apontam que ali podem estar até 42 corpos de militantes políticos assassinados pela ditadura.

Desde então, mesmo que tenha havida uma grande pressão da comissão da Câmara Municipal da época, da Comissão da Verdade Nacional, da Comissão Rubens Paiva da Assembleia Legislativa, da Comissão Vladimir Herzog da Câmara Municipal, da Comissão da Verdade da Prefeitura de São Paulo etc. não foi possível realizar exames forenses e determinar o DNA dos restos mortais. Agora, o material recolhido está entregue a especialistas da Universidade Federal de São Paulo (Unifesp), onde o trabalho avança lentamente. Pelo menos já se pode vislumbrar o final dos mesmos.

O mês de maio de 2006 foi infernal no estado de São Paulo. Entre os dias 12 e 20, a facção criminosa Primeiro Comando da Capital (PCC) desencadeou um ataque às forças policiais. Morreram 59 agentes, uma tragédia. Mas outra tragédia muito maior aconteceria em seguida. Grupos mascarados, que se pressupõe ligados a setores do Estado, partiram para uma retaliação indiscriminada. O número de civis assassinados foi de 434. O caso mais dramático foi o da jovem Ana Paula de Santos, que saíra para realizar algumas compras com o marido e depois iria para o hospital realizar seu parto. O grupo de extermínio disparou cinco tiros na sua barriga, matando-a e também a seu bebê. Até hoje existem famílias desesperadas que procuram seus parentes desaparecidos naqueles dias. Organizadas na associação Mães de Maio, lutam para encontrar esses corpos e conseguir que os responsáveis sejam pelo menos processados.

O que tem isso tudo a ver com a greve de 1917? É o que vamos ver. É o que vamos procurar ver nas páginas que seguem.

Os dados oficiais de mortos durante aquele evento são de três pessoas, dois adultos e uma criança. Porém, jornais como a *A Plebe*, *La Guerra Sociale* e *Debate* denunciaram que o número seria muito maior. E perguntavam onde estão esses mortos. Poderia se pensar que fosse algum exagero ou propaganda, uma vez que se tratava de órgãos anarquistas. A professora Christina Roquette Lopreato escreveu um belo livro, *O Espírito da Revolta*, no qual abre uma janela sobre o tema. Mas o que ela descobriu não é belo.

O diário conservador o *Estado de S. Paulo* denunciou, na edição de 13 de julho de 1917, a ocorrência de 18 mortes. *O Fanfulla*, ligado ao consulado da Itália, falava em dezenas de mortos.

Essa grave questão se perdia no mar de notícias dos conflitos de ruas e também do desenvolvimento da guerra na Europa.

A Razão era um influente diário fluminense, de tendência cristã, anti-anarquista e, posteriormente, anticomunista. Fazia uma persistente campanha para que o Brasil entrasse na guerra ao lado dos Estados Unidos e da Entente. Entretanto, se preocupava com a questão social. Sua direção resolveu ver mais de perto o caso dos "mortos desaparecidos" em São Paulo e enviou um correspondente para a capital.

No dia 19 de julho, o jornal abriu uma manchete de primeira página: "A polícia paulista matou friamente na ruas e nos cárceres dezenas de operários!" Em seguida, informava que seu enviado permanecera reservadamente em São Paulo. Queria dizer incógnito, talvez porque tivesse medo do que lhe poderia acontecer.

Em sua primeira correspondência, o repórter descreve o clima na capital, que ia voltando à calma. Depois fez afirmações espantosas:

> Antes de mais nada, convém acentuar que a imprensa paulista, num raro movimento de solidariedade, se comprometera com o secretário da Justiça a não divulgar as notícias das ocorrências, tais como se verificaram, a fim de não alarmar ainda mais a população. Não fosse isso, e o público ficaria sabendo que os fatos desenrolados na

> noite de sexta-feira última para sábado se revestiram de excepcional gravidade, pois dos mesmos resultaram numerosas mortes dos quais foram vítimas na maior parte inermes operários estupidamente assassinados pela polícia. (...) Sabe-se, por informação positiva de um ilustre oficial do Corpo de Bombeiros, que nas ocorrências do Brás, Mooca e Belenzinho, na referida noite de sexta feira, foram mortos mais de 40 proletários, cujo enterro a polícia promoveu às ocultas.

A Razão recebeu várias cartas de São Paulo, algumas não assinadas, de testemunhas que descreviam o que haviam visto. Todas confirmavam o morticínio. Também caíram pelo menos 13 policiais.

O Comitê de Defesa Proletária lançou uma contundente nota em 17 de julho:

> Pelos desaparecidos
>
> O CDP pede ao familiares que tenham desaparecidos entre os seus membros de fazer saber, para que possamos realizar as diligências necessárias.
> Temos noticias dos seguintes desaparecidos:
> Angelo Canesa – Secretário do Sindicato de Entalhadores de Pedras de Ribeirão Preto.
> Antonio Arghelo – Rua Caetano Pinto, 69.
> Giulio Sorelli – Rua João Theodoro, 103.
> Ovidio Fernandez, – três anos, Rua Odorico Mendes, 86.
> Giuseppe Gallo – Rua Conde de Sarzeda,s 52.

Angelo Canesa foi em seguida localizado. Ferido pela polícia, um amigo o retirou de São Paulo, receoso de sua iminente prisão. Mas dos outros quatro não houve notícias. Dois dias depois a lista apontava o nome de 19 desaparecidos.

No dia 22 de julho, o *Fanfulla*, que obviamente se preocupava com os nomes italianos desaparecidos, publicava na sua segunda página um artigo não assinado, logo de responsabilidade do diretor. É bastante cuidadoso, mas deve refletir as preocupações do momento.

> **Vozes alarmantes sobre o número de mortos.**
> **Uma visita ao cemitério do Araçá.**
>
> Repugna acreditar que a polícia tenha ocultado o número real dos infelizes que foram mortos durante os dias da greve.
>
> A polícia, como já demonstramos, com o seu silêncio ajuda a dar crédito a essas vozes, porque o raciocínio que se faz é o seguinte: se os desaparecidos não estão presos, nem nos hospitais, quer dizer que foram sepultados.
>
> Entre outras vozes que correm insistentemente, recolhemos estas, que pelo seu fácil controle e pela sua enorme gravidade, não pode ser ocultada.
>
> O cemitério do Araçá teria sido escolhido para acolher os corpos das vítimas da greve e o número calculado chegava a 100!
>
> No Araçá, e sobre estes dados se baseia o nosso raciocínio, em poucos dias foram abertas 210 covas, precisamente na quadra 139, letras O.A.
>
> Durante a noite do 15, nas covas foram sepultados os cadáveres dos mortos. Um esquadrão de cavalaria impedia qualquer noctâmbulo curioso de se aproximar à necrópole.
>
> Os vizinhos, porém, observavam e viam os carros da polícia, sibilando sinistramente suas sirenes. A lúgubre operação prosseguiu na noite seguinte. Os cadáveres, sempre segundo estas vozes, foram colocados nus em suas covas.

No dia 19 do corrente, pela tarde, outros seis cadáveres foram enterrados, no mesmo local já referido. Eram corpos de cinco homens e uma mulher.

Alguns soldados protegiam o trabalho dos coveiros e impediam que os piedosos que frequentavam aquele lugar de amor e de dor se aproximassem deles.

Esta revelação, que torcemos que não seja verdadeira, é impressionante e deixa a alma gelada.

Espera a polícia desmentir, demonstrando que é inexata, e esperamos que o faça sem hesitação, senão ficaria comprometida.

A polícia não respondeu às demandas jornal.

Resta uma pergunta, por que, se aconteceram tantos "desaparecidos", as famílias não denunciaram e procuraram os corpos de seus entes queridos.

As respostas podem ser estas:

- A maioria dos núcleos familiares era imigrante e sobre eles pesava a ameaça da expulsão do país se fossem considerados elementos de distúrbios;

- Voltar às suas terras de origem era uma desgraça, pois a Europa estava mergulhada num banho de sangue da Guerra Mundial. Sobretudo para os homens mais jovens, que seriam enviados às trincheiras;

- O próprio desconhecimento dos instrumentos de acionar um Estado cujo funcionamento ignoravam. José Martinez, que teve um enorme séquito no seu funeral, foi apenas um símbolo. Mas poderia ter sido um desaparecido. Quando foi assassinado, contava com 21 anos e estava no Brasil havia apenas cinco meses. Faltava a eles uma rede de conhecidos que somente se adquire com os anos;

- A eficácia do Estado em ocultar os fatos e ameaçar os familiares e amigos. A conivência da imprensa que logo deixou de pressionar as autoridades públicas. O silêncio que cobriu os mortos desaparecidos;

- A repressão, que se abateu contra as lideranças grevistas já a partir de agosto, paralisou sua ação política;

- O estado de sítio declarado em todo o território nacional a partir de outubro de 1917, com a entrada do Brasil na Guerra contra os Impérios Centrais que impôs a censura e o aumento ainda maior da repressão.

É algo traumático para uma família não conseguir realizar um ato fúnebre de um de seus membros. Este rito de passagem é necessário para amenizar a dor da ausência. Este é um conceito profundamente arraigado na cultura ocidental, desde os tempos da Grécia clássica. Recordemos no teatro grego a luta de Antígona para sepultar o corpo de seu irmão. Um estado oligárquico e cruel como o brasileiro negou isso em relação aos operários da Greve de 1917, aos resistentes da ditadura militar de 1964 a 1985, aos jovens de periferia de 2005 e em tantos outros casos.

Ainda outra indagação. Houve mortos entre os policiais? Jornais noticiaram que sim, tantas testemunhas também afirmaram ter presenciado agentes públicos que perderam a vida. O Estado nada disse.

Fui visitar o cemitério do Araçá. Trata-se do segundo mais antigos de São Paulo, fundado em 1887. Localiza-se na avenida Dr. Arnaldo, entre os bairros da Consolação e Pacaembu, área nobre da cidade.

Logo na entrada, ao lado da capela, encontra-se o Mausoléu da Policia Militar do Estado de São. Ali estão enterrados apenas os policiais mortos em ação. Foi construído em 1970. Ou seja os corpos e os nomes que ali estão foram mortos depois desta data. São tantos e quase sempre jovens. Doloroso de se ver. Entretanto, formando um circulo, estão várias estatuas de altura natural, com uma placa que recorda onde policiais militares combateram, tais como: Guerra do Paraguai, Canudos, Revolta Federalista, Revolta de 1924, Movimento constitucionalista de 1932, entre tantos outros. Todos locais onde se pressupõe que tenha havido um número consistente de mortos. Entre estas, coloca-se uma, aliás feminina, cuja placa diz apenas Greve de 1917. Porque está ali? O que vem em mente é que é uma homenagem aos agentes que tombaram naquela greve. Parece óbvio, ou não?

Ainda no Araçá fui até a sede de recepção e ali encontrei os nomes ilustres ali sepultados: artistas, políticos, esportistas, militares e outras personalidades. Há um mapa indicando a localização de cada tumba. Para minha surpresa, lá está o nome do sapateiro José Martinez, mas não a indicação de onde se encontra a sua tumba. Ninguém soube informar.

Continuei até a quadra 139, local que os jornais da época suspeitavam que estivessem os corpos das vítimas da greve. É uma área humilde, já no declive do terreno, afastando-se da zona nobre, que é plana. Os túmulos são dos últimos 50 anos. Mas existem vários espaços vazios abandonados de cova rasa. Nada nos conta o que aconteceu por ali. Apenas em uma encontrei uma pedra totalmente desgastada que com grande dificuldade deu para ler um nome (que não direi, por respeito) e uma data: 17 de julho 1917.

As arqueólogas forenses Marcia Lika Hattori e Ana Paula Morelli Tauhyl estão realizando uma pesquisa sobre os mortos da greve de 1917.

Consultados os livros cemiteriais da época, foram encontrados os nomes de José Inigue, de 21 anos de idade, sepultado no dia 12 de julho, e de Eduarda Bindi, de 8 anos de idade, sepultada no dia 14 de julho.

A localização se suas tumbas não corresponde mais à organização do terreno na atualidade. Ou seja, não mais existem.

Nicola Salerno foi sepultado na quadra 44, terreno perpétuo número 12, no dia 14 de julho. Este túmulo, pertencente à família Salerno, ainda existe.

A causa da morte de todas as três vítimas é atestada como hemorragia interna. Forma elegante para ocultar os tiros que receberam.

A longa lista de nomes dos desaparecidos também foi pesquisada e nada foi encontrado. Permanece a hipótese de que não tenham sido registrados, tal como aconteceu no cemitério de Perus. De qualquer forma, as buscas continuarão.

A vingança

As greves paulistanas serviram de exemplo e incentivo para paralisações em outras cidades e estados. A repressão em geral foi dura, principalmente do Rio de Janeiro. Rompendo todas as declarações de princípios e acordos feitos, a oligarquia paulista, imediatamente após o retorno ao trabalho, começou a elaborar planos para que tal quadro não voltasse a se repetir. Era necessário dar uma lição, sobretudo às lideranças, e desarticular as organizações populares que haviam se reforçado.

Foi desencadeada uma campanha maciça de germanofobia, pois o Brasil se preparava para entrar em guerra contra a Alemanha. Tudo o que havia de ruim era atribuído àquele país. O próximo passo seria apresentar anarquistas e sindicalistas revolucionários como agentes alemães. Afinal de contas, eles haviam realizado greves que enfraquecera na produção, logo eram sabotadores. Além disso, eram contra a entrada no Brasil no conflito. Tal fato foi apresentado como prova definitiva. O ministro da Fazenda do governo Venceslau Brás, João Pandiá Calógeras (1870-1934), reafirmou que as greves eram consequências de maquinações secretas dos alemães.

As acusações eram pouco originais. Representavam apenas uma cópia do que estava fazendo o governo provisório russo quando acusou os bolcheviques de serem agentes do Império Alemão. Colocou centenas deles nas masmorras e Vladimir Lenin, recém chegado do exílio, teve que ir à clandestinidade.

Na capital paulista, o governo do estado reforçou as forças policiais, muniu-se de novas armas, usou intensamente agentes provocadores e elaborou uma farsa. Afirmaram que os anarquistas estavam preparando um assalto ao palácio do Governo. Na ação, matariam os principais governantes e chefes da polícia e assumiriam o comando do Estado. Bobagens!

Os anarquistas brasileiros eram contra o atentado à vida e nem sonhando queriam assumir qualquer governo. Seria violar sua doutrina.

Na madrugada do 13 de setembro, esquadras policiais iniciaram a uma violenta invasão das humildes casas dos líderes grevistas. Quebravam tudo, agrediam as famílias e, sem nenhum mandado, levavam os ativistas para diversos locais já preparados para servirem de prisão, sem informar para onde os conduziam. Entre tantas dezenas de pessoas, foram levados os integrantes do Comitê de Defesa Proletária. Aqueles mesmo a quem o estado havia prometido imunidade. A gráfica do jornal *A Plebe* foi invadida e danificada, assim como sedes das uniões e ligas operárias, de onde levaram seus arquivos.

Os canalhas que prepararam os inquéritos sabiam que não bastava a acusação genérica de anarquistas para desprestigiá-los perante aos trabalhadores. Acrescentaram fantasias, definindo-os como ladrões, vagabundos, proxenetas e até insinuaram pedofilia. As acusações são profundamente ofensivas, principalmente para os anarquistas que se pautavam por uma concepção de vida de rigoroso comportamento pessoal.

Antes mesmo de qualquer julgamento, cerca de 20 ativistas foram colocados no navio Curvello, que já estava preparado em Santos. Declarados indesejáveis, foram expulsos do país. Em Recife, três deles foram separados e colocados no navio Avaré, rumo aos Estados Unidos. Entre eles encontrava-se o redator de *A Plebe*, Florentino de Carvalho. Os navios vagaram por semanas nos mares, até que a 10 de novembro, o Supremo Tribunal Federal, por 7 votos a 6 considerou ilegal a expulsão e os ativistas puderam voltar ao Brasil. Complicada ficou a situação de Edgar Leuenroth, considerado o elemento mais pernicioso. A imaginação jurídica é ilimitada e ele foi acusado de ser o autor "psíquico-intelectual" de roubo de alguns sacos de farinha.

Tratava-se da farinha do moinho Matarazzo que havia sido apropriada em uma manifestação da greve por famílias operárias esfomeadas. Ficou seis meses preso com criminosos comuns, até a sua absolvição em março de 1918.

Terminada essa vaga de repressão, viriam outras através dos anos. O nome maldito de anarquista foi sendo substituído por comunista.

Os ativistas políticos do Comitê de Defesa Proletária, Luigi Damiani e Theodoro Monicelli, foram expulsos e não mais voltaram a ver o céu brasileiro. Era uma prática comum os empresários encaminharem à polícia os nomes de seus empregados tidos como subversivos. Tão grande era esse fluxo, que se decidiu criar um organismo especializado em perseguição política. Foi constituído em 1924 o famigerado Departamento de Ordem Politica e Social (Dops), onde milhares de patriotas e proletariados foram humilhados e torturados. Durou quase seis décadas sendo extinto em 1983. Atualmente, na antiga sede paulista do órgão, no centro da capital, existe o Memorial da Resistência, com mostras didáticas e agenda contínua de conferências e debates. Para homenagear as vítimas da intolerância e lutar para que tempos obscuros não voltem. Será?

5

O LEGADO DA GREVE

A Greve de 1917 representou o ápice do sindicalismo revolucionário e o início do seu declínio. A greve em São Paulo conseguiu vitórias. Houve aumentos salariais, redução das jornadas de trabalho e limitação à exploração da força trabalho feminina e dos menores de idade. Conseguiram até que se emanasse uma lei no estado de São Paulo, a n° 1.596, de 29 de novembro de 1917, que proibiu o trabalho noturno para mulheres e os menores de 15 anos, e estes só poderiam labutar 5 horas diurnas.

O mais importante foi que seu exemplo combativo se espraiou, atingindo a orla e o interior paulista. Seus ecos chegaram com força ao Rio de Janeiro, ao Rio Grande do Sul, a Minas Gerais e Pernambuco. E impuseram o debate da questão social para toda sociedade. Personagens famosos como Rui Barbosa, que nunca haviam se preocupado com a condição do trabalhador livre, passaram a fazer conferências sobre o tema e a propor novas leis.

As lutas não terminaram em 1917. Novas greves se sucederam, passando o eixo da luta mais para o Rio de Janeiro, então Capital Federal. A burguesia melhorou seus aparatos repressivos e propagandísticos e conseguiu impor derrotas ao proletariado e ao sindicalismo revolucionário. Chegara o momento da autocrítica e da revisão da organização. Quais eram os limites do socialismo revolucionário, que já se vislumbrava claramente na Greve de 1917?

- O campo de luta se restringia às reivindicações econômicas e condições de trabalho. A luta política era deixada de lado, já que não se reconhecia o Estado e nem havia interesse na conquista de influência no interior do mesmo. Contrapunha-se até mesmo à existência de um estado hegemonizado pelo proletariado.

- Não se importava com as eleições em quaisquer níveis, não apelava para a conquista do voto universal para mulheres, estrangeiros e analfabetos e não aceitavam o conceito de partidos políticos.

- Faltava a noção da questão nacional. Um país com um enorme espaço geográfico e população crescente teria de ser necessariamente vítima das cobiças econômicas das nações dominantes. Era necessário (e continua a sê-lo) um projeto de desenvolvimento e unidade territorial que levasse a uma real independência nacional com uma politica diplomática altaneira. Aliada a um peso decisivo dos trabalhadores nos destinos da nação.

- As organizações dos trabalhadores de tipo federal eram fragmentadas e totalmente autônomas. Agrupavam nas ligas todos os tipos de trabalhadores, desde o sapateiro ao metalúrgico e mesmo nas uniões havia divisões entre as diversas especializações do mesmo ramo industrial.

Astrojildo Pereira analisa em 1921 no jornal *A Plebe* a situação:

> Vai ganhando entre os nossos militantes operários, a ideia de organização, sob novos moldes, das hostes proletárias. Sentem todos de resto por experiência própria, que os métodos até aqui adotados não satisfazem, por insuficientes e deficientes, as necessidades da luta. A organização por ofício, localista, e federalista forma uma verdadeira poeira de núcleos dispersos e dispersivos onde as energias, ao invés de se concentrarem num bloco homogêneo, se desperdiçam infrutiferamente, e o que é mais grave, se amesquinham num estreitíssimo espírito corporativista.

E assim aconteceu. Os sindicatos foram pouco a pouco se estruturando em bases novas por categorias industriais e não mais por ofícios. Surge uma burocracia estável, com sedes e inscritos. Seriam tecidas redes de apoio e luta comuns com sindicatos similares de outras regiões. Foi se estruturando o sindicato moderno, que seria mais robusto para tentar resistir aos incessantes ataques do inimigo de classe.

No plano da política, surgiu o longo debate que colocou a necessidade que o proletariado mais avançado contasse com partidos ligados a seus interesses. Este seria o tema mais candente e que levaria a uma dramática cisão no interior do sindicalismo revolucionário.

Um grupo de suas lideranças rumou para a criação do Partido Comunista do Brasil (PCB), que se concretizou entre os dias 25 e 27 de março de 1922, em Niterói. Seu secretário seria Astrojildo Pereira, brilhante polemista, eficaz organizador e ex--sindicalista revolucionário.

Vale ressaltar que o Brasil é atípico nesse aspecto. Em outros locais os partidos comunistas nasceram de cisões dos partidos socialistas. Aqui se gerou no crisol anarquista. Foi a prova do valor que esta corrente de pensamento e ação exerceu no país desde o final do século XIX.

Uma nova etapa surgiu, aproveitando sementes de lutas passadas, como a Greve de 1917. Mas continuou árduo e pedregoso o caminho, pontilhado de tocaias e mortes. Muito ainda há a caminhar.

Sejamos inteligentes e corajosos para construir o futuro, bem plantado em raízes profundas.

BIBLIOGRAFIA

Agenda do Professor 2017 – Sindicato dos Professores do ABC.

Bandeira, Moniz / Melo, Clovis / Andrade A.T. *O Ano vermelho*. São Paulo: Civilização Brasileira, 1967.

Del Roio, José Luiz. *1º de Maio. Cem anos de luta*. São Paulo: Oboré/ Global, 1986.

Dias, Everardo. *História das Lutas Sociais no Brasil*. São Paulo: Editora Alfa – Omega, 1977. Rio de Janeiro: Editora Nova Fronteira, 1977.

Dulles, John W. Foster. *Anarquistas e comunistas no Brasil*.

Fausto, Boris. *Trabalho urbano e conflito social*. São Paulo: Difel, 1977.

Hall, Michael. Capítulo: "O Movimento Operário na Cidade de São Paulo, 1890 – 1954". *História da cidade de São Paulo na primeira metade do século XX*. São Paulo: Editora Paz e Terra, 2004.

Koval, Boris. *A grande Revolução de Outubro e a América Latina*. São Paulo: Editora Alfa-Omega, 1980.

Koval, Boris. *História do proletariado brasileiro (1857 a 1967)*. São Paulo: Editorial Alfa-Omega, 1982.

Lopreato, Christina Roquette. *O espírito da revolta. São Paulo*: Annablume Editora, 2000.

Mazzeo, Antonio Carlos. *Sinfonia inacabada*. São Paulo: Boitempo Editorial,1999.

Morse Richard. *De comunidade a metrópole. Uma biografia de São Paulo*. São Paulo: Comissão do IV Centenário da Cidade de São Paulo, 1954.

Pereira, Astrojildo. *Formação do PCB (1922 – 1928)*, 3ªedição. São Paulo: Anita Garibaldi, 2012.

Petta, Nicolina Luiza. *A fábrica e a cidade*. São Paulo: Atual Editora, 1995.

Pinheiro, Paulo Sérgio e Hall, Michael H. *A Classe Operária no Brasil. 1880-1930* – documentos. Vol. 1. São Paulo: Editora Alfa-Omega, 1979.

Pinheiro, Paulo Sérgio e E Hall, Michael H. *A classe operária no Brasil*. Vol. II. São Paulo: Editora Brasiliense, 1981.

Porta, Paula (organização). *A cidade na primeira metade do século XX*. São Paulo: Editora Paz e Terra, 2004.

Queiroz, Suely Robles Reis de. "Política e poder público na cidade de São Paulo: 1889 – 1954". In: *História da cidade de São Paulo*. 3 vols. São Paulo: Paz e Terra, 2004.

Rodrigues, Edgar. *Socialismo e sindicalismo no Brasil*. Rio de Janeiro: Laemmert, 1969.

Outras fontes

No Centro de Documentação e Memória da UNESP, Praça da Sé 108, São Paulo, encontra-se depositado o Arquivo de Astrojildo Pereira, que pertence ao Instituto que leva o seu nome. Uma parte das informações deste trabalho sobre 1917 tem ali sua origem.

Jornais consultados

La Guerra Sociale e depois *Guerra Social*.

A Plebe.

O Cosmopolita. Embora do Rio de Janeiro seguiu com atenção os acontecimentos de São Paulo.

O Debate. Revista

Boletim da Confederação Operária Brasileira

Fanfulla. Escrito em italiano.

A Razão.

As letras das músicas proletárias estão em "Rubros Cantares" e outros pequenos folhetos da coleção "Opúsculos" do fundo ASMOB do IAP no CEDEM.

"Serenata" de Martins Fontes. No vinil "Sampa" do Estúdio Eldorado. Canta Silvia Maria.

O trecho sobre o trabalho na lavoura e intitulado "Contra a Imigração", edição *La Battaglia*, 1906, também faz parte da coleção "Opúsculos" já citada.

Sobre os esboços biográficos

Foram baseados na maioria das vezes sobre leituras esparsas. Sobre os Crespi, o melhor na internet é "Famiglia Crespi". Luigi Damiani, buscar seu nome no Google italiano.

Theodoro Monicelli necessita uma pesquisa mais acurada em vários sites italianos.

Antônio Candeias Duarte, sempre na internet, é possível ler: "O português Antônio Candeias Duarte: Desconhecido protagonista da História Política Brasileira." Autor prof. Alexandre Hecker.

Edgard Leuenroth, personagem muito conhecido, citado em vários livros e fácil de achar na internet.

Rodolfo Felippe, embora no Arquivo do Astrojildo Pereira existam várias cartas e fotos suas, além de ter seu nome em jornais anarquistas, não consegui descobrir suas origens.

Juana Rouco Buela, seu nome surge no jornal *A Razão*, quando noticiou o enterro de José Martinez. Dados sobre ela têm que ser procurados em sites argentinos sobre o anarquismo.

Dados demográficos se encontram no site do IBGE.

Mais uma vez repito que a questão dos mortos durante a greve é um trabalho que se deve a professora Lopreato e que incrivelmente passou em silêncio.

A Greve de 1917 em imagens

*Todas as imagens são do Centro de Documentação e Memória
da Universidade Estadual Paulista (Cedem/Unesp)*

Foto de passaporte de família de imigrantes italianos, 1900.

Chegada de imigrantes à Hospedaria.

Famílias na Hospedaria dos Imigrantes, no bairro do Brás. Ali, os recém-chegados do porto de Santos eram identificados, examinados por médicos e ficavam a espera de possíveis empregadores. As viagens e a estadia eram custeadas pelo Estado brasileiro, em sua maior parte.

O bairro do Brás, um dos berços da industrialização brasileira e epicentro da Greve, em 1910.

Pesagem, ensacamento e depósito de café. Interior paulista, 1915.

A indústria de São Paulo, Voltolino, *O Parafuso*, abril de 1918.

Indústrias Reunidas Francisco Matarazzo, seção de malharia, anos 1920 em São Paulo. Nas tecelagens, as mulheres formavam um contingente significativo entre os operários. Daí a demanda por creches e horários definidos de trabalho.

Plenária do congresso que fundou a Confederação Operária Brasileira (COB). Rio de Janeiro, 1906.

Prédio da Tecelagem de Seda Ítalo-brasileira, localizada no Brás.

No alto da imagem, Edgard Leuenroth preside os trabalhos da sessão do Segundo Congresso Operário, em 1913, na sede da Confederação Operária Brasileira (COB), no Rio de Janeiro, com a presença de 59 associações de trabalhadores. Na segunda foto, os participantes do encontro.

A Plebe de 16 de junho de 1917, jornal anarquista e anticlerical, dirigido por Edgard Leuenroth.

A Plebe de 28 de julho de 1917: a manchete ressalta a importância da revolta operária.

Voltolino. Heroico despertar. Capa de *A Plebe* de junho de 1917.

A repressão ao movimento foi pesada. A Força Pública não poupou nem mesmo a cavalaria contra os ativistas, como mostra esta cena, no centro de São Paulo.

A Plebe de 21 de julho de 1917, convoca uma manifestação, após o assassinato do sapateiro José Martinez.

A Gréve Geral em S. Paulo.

Multidão desce a ladeira do Carmo, em 10 de julho de 1917, na cerimônia fúnebre do sapateiro José Martinez.

José I. Martinez, o desventurado companheiro, membro do Grupo Jovens Incansaveis, assassinado durante a gréve.

O sapateiro espanhol José Martinez, de 21 anos. Após seu assassinato pela polícia, os protestos aumentaram.

1º de maio de 1915, na Praça da Sé.

Juana Buela, nos anos 1920.

A imprensa operária teve papel decisivo na divulgação e impulsionamento da greve. Entre vários jornais, destacava-se *A Plebe*, editada entre 1917 e 1951, com vários intervalos. Seu principal editor foi Edgard Leuenroth. Alvo da censura e da violência patronal em diversas ocasiões, a redação do jornal, no centro de São Paulo, foi empastelada em 28 de outubro de 1919. O cartunista Voltolino retratou o evento na capa de *O Parafuso* (11/11/1919).

Edgard Leuenroth (1881-1968). Tipógrafo e jornalista, foi um dos principais líderes do movimento.

Gigi Damiani, anarquista, operário e jornalista italiano, tornou-se um dos principais propagadores do movimento. Chegou ao Brasil em 1898 e foi deportado em 1919.

Oreste Ristori (1874-1943). Anarquista e jornalista italiano, editou o jornal *La Bataglia*.

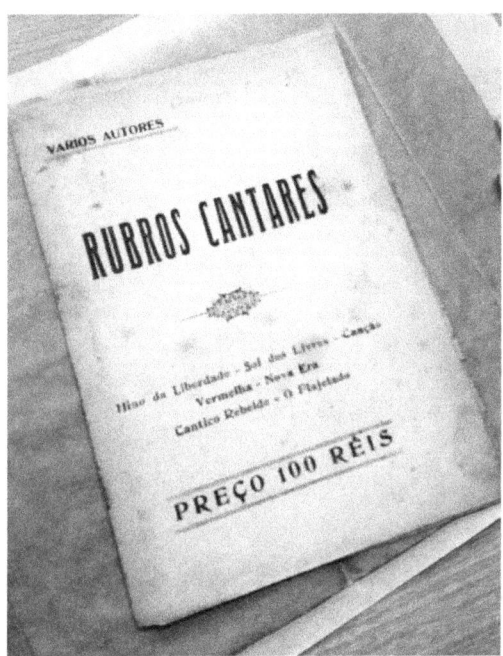

Opúsculo com as letras de canções proletárias.

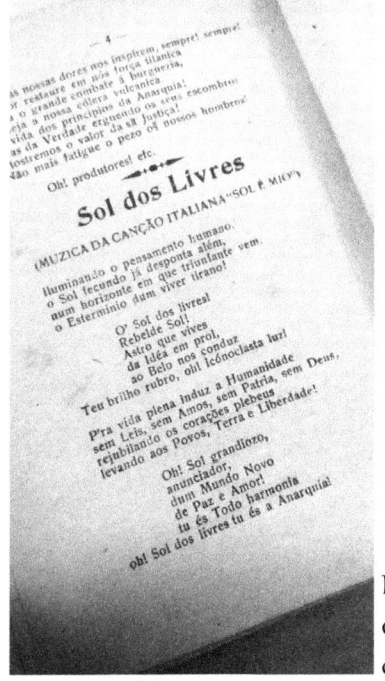

Letra de música inspirada na melodia do "O sole mio" para ser cantada em reuniões proletárias.

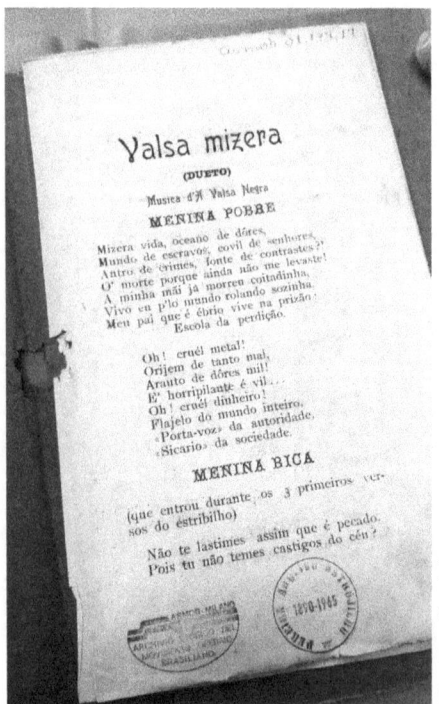

Pequeno trecho de uma peça de teatro encenada nos clubes que reuniam os operários e as suas famílias.

Cartaz anarquista, anos 1910, de autoria de Seth.

Terceiro Congresso Operário, 1920, Rio de Janeiro. Realizado em clima de forte repressão, foi o último do gênero na República Velha. A partir de 1930, o movimento sindical se reconfiguraria. A partir de 1946, os comunistas, paulatinamente, começariam a ter maior presença nas entidades.

Alameda nas redes sociais:

Site: www.alamedaeditorial.com.br
Facebook.com/alamedaeditorial/
Twitter.com/editoraalameda
Instagram.com/editora_alameda/

Esta obra foi impressa em São Paulo no inverno de 2017. No texto foi utilizada a fonte Palatino Linotype em corpo 11 e entrelinha de 16,5 pontos.